生活因阅读而精彩

生活因阅读而精彩

德 国 总 理

默克尔传

陈玲 ◎ 著

时事出版社

图书在版编目(CIP)数据

德国总理默克尔传 / 陈玲著.—北京:时事出版社,
2014.4

ISBN 978-7-80232-703-0

Ⅰ.①德…　Ⅱ.①陈…　Ⅲ.①默克尔-生平事迹
Ⅳ.①K835.167=5

中国版本图书馆 CIP 数据核字(2014)第061585号

出 版 发 行:时事出版社
地　　　　址:北京市海淀区巨山村 375 号
邮　　　编:100093
发 行 热 线:(010)82546061　82546062
读者服务部:(010)61157595
传　　　真:(010)82546050
电 子 邮 箱:shishichubanshe@sina.com
网　　　址:www.shishishe.com
印　　　刷:北京建泰印刷有限公司

开本:787×1092　1/16　印张:18　字数:250 千字
2014 年 4 月第 1 版　2015 年 12 月第 4 次印刷
定价:32.00 元
(如有印装质量问题,请与本社发行部联系调换)

前言

作为一个毫无运动天赋的女孩，她却是一个自然科学和语言学方面的天才；

作为一个牧师的女儿，她却毫不犹豫地选择成为一名科学家；

作为一名将会在未来成为德国总理的女政治家，她却把科学院当成自己躲避政治的避风港；

作为一个科学家，她竟然只用了15年就登上了德国总理的宝座；

作为一只政坛菜鸟，她却可以轻易的在政府中谋得职位；

作为一名新晋党员，她却可以在一夜之间获得党主席的青睐；

作为一个工作狂，她在自己的业余时间里竟然喜欢调酒和做菜；

作为一个女人，竟然有如此之多精明干练的男性心甘情愿地做她的下属；

作为一个公众人物，媒体竟然对她的私生活知之甚少；

……

安格拉·默克尔，你究竟是一个怎样的女人？你身上究竟还有多少不为人知的秘密？

对于缠绕在身上的诸多谜团，默克尔本人"狡猾"地说："我知道人们对我前35年的生活知之甚少，因为那是一段完全在我的职业政治生涯以外的日子，我可是地地道道的半路出家。这会引起大家好奇，我很理解。那些我从政之后的事情？对不起，这是政治机密。"

看，这就是默克尔，一个永远不会让别人看透自己的女政治家，一个无比精明的女总理，一个把自己的私生活遮掩得无比严实的成功女人。

有的人称她为"铁娘子"，有的人称她为"欧洲大妈"，有的人称她为"权力女王"……无论你怎样称呼她，她都不会在乎，但你千万不要把她比作历史上的任何一个女人，无论是玛格丽特·撒切尔、英迪拉·甘地或是果尔达·梅厄都不行。默克尔就是默克尔，她不是任何一个人的翻版，也永远不会甘心活在任何人的阴影之下。

看，这就是默克尔，一个永远自尊的人，一个永远要强的人，一个永远坚守着自己的原则和底线不妥协的人。

毫无疑问，为这样的一个人做传并不是一件容易的事，因为对于本书的主角安格拉·默克尔，我们所了解的只是她究竟做过一些什么事，至于她做这些事的真正动机以及这些事背后所隐藏的真正秘密，我们只能靠分析和推测来一窥端倪。这个过程就像猜谜或拼图，虽然辛苦但也饱含乐趣。一千个人眼里有一千个哈姆雷特，一千个读者的眼里也完全可以有一千个安格拉·默克尔，不是吗？在本书的最后，作者附上了德国最权威的默克尔研究者朗古特的研究成果，感兴趣的读者可以了解一下德国人眼中的默克尔究竟是一个怎样的人。

看，这就是本书的作者，一个力争向读者描绘一个最清楚的默克尔的人，一个喜欢拼图和猜谜的人，一个愿意利己但更愿意利人的人。

/ **生命的第一乐章：起点** /

生命的第二乐章：追寻

生命的第三乐章：沉浮

／ **生命的第四乐章：巅峰** ／

第十七章　权力是最重要的

生命的第一乐章

起点

第一章 / 逆流而上的牧师家庭

> 1954 年 7 月 17 日，就在出生后的几周，默克尔和她的牧师家庭一起"逆流而上"，从联邦德国移居到了民主德国。

分裂的德国，冷战的前哨

在走近这位全世界最有权势的女性之前，我们首先需要明确这样一个事实："默克尔"并不是这位德国现任总理的娘家姓氏，而是她第一任丈夫乌尔里希·默克尔的姓氏。在 1977 年 23 岁的默克尔与乌尔里希结婚之前，她的名字始终是安格拉·多罗特娅·卡斯讷。

安格拉·默克尔出生在联邦德国的重要城市汉堡，但只有弄清当时民主德国的政治大环境，才能对默克尔及其一家的两德生活有所理解。默克尔出生时，第二次世界大战结束还不到 10 年，冷战把世界分成了资本主义和社会主义两个阵营，把德国分成了联邦德国和民主德国两个国家。作为第二次世界大战欧洲最主要的战败国，德国被英、法、美、苏等国家分区占领。在打败了共同的敌人之后，英、法、美等资本主义国家与以苏联为首的社会主义国家之间的矛盾日益凸显出来。随着两方势力逐渐变得水火不容、势不两立，作为占领区的德国自然也就难逃分裂的命运，并且不幸成为两大阵营冲突的前沿阵地。默克尔的出生地联邦德国推行资本主义制度，而她生活和成长所在的民主德国则是一个在苏联扶持下的社会主义国家。

所有这一切在默克尔出生的那一年都已成为历史事实和结果，原因来自两种不可调和的意识形态，一方是市场经济的自由民主，另一方是计划经济的苏联特色的共产主义，双方剑拔弩张的程度到了随时可能爆发军事冲突的边缘。

移居，为了信仰

在默克尔出生的那个年代，相较于民主德国，联邦德国的经济更为发达，国土面积更大，人口也更多，因此很多居住在民主德国境内的德国人纷纷移居到联邦德国，但默克尔一家却在她出生后不久"逆流而上"，从联邦德国移居到了民主德国。

默克尔的父亲名叫霍斯特·卡斯讷，出生于1926年8月6日，职业是牧师。在那个世界政治局势急剧动荡的年代，默克尔的父亲却有着和大多数在联邦德国学习的同学不一样的计划——结束在海德堡和汉堡的神学学习之后，回到柏林—勃兰登堡州教会。就在女儿默克尔出生的那一年——1954年，霍斯特·卡斯讷获得了他的第一个牧师职位，任职地点是勃兰登堡州普里格尼茨的小村克维措。"克维措"是作家冯塔纳在他的《勃兰登堡漫游记》中描写过的贵族家族之一。这个小村子位于民主德国境内，距离两德边界只有30公里，当时那里的居民只有356人，周围地区的人口密度也很低，至今仍以农业为主，恰恰是在那几年里，这里需要一位牧师。

一般来说，在这样的村子里，教师和牧师所起的作用很重要。头几年村里还有一所小学，4个年级的学生在一个班里上课。卡斯讷一家来到这里时，小学已经解散了，孩子们得去邻近的佩尔勒贝格上学。

卡斯讷一家搬入的那个不起眼的牧师住宅是个木质建筑，地方不大，一进门就是牧师的办公室，底层还有3个私用房间，后来又扩建了几个小房间，当时教区家庭护士的办公室也在这里。卡斯讷一家搬来之后，这里就成了村里为数不多的教友做礼拜的地方，虽然离牧师住宅不远处有个美丽的乡村小教堂，但那只在圣诞节时才使用。

教区有一些所谓的"教地"被租给他人耕种，以维持教区内神职人员的日常开销，加上卡斯讷牧师家里也饲养牲畜、种植蔬菜，这样就可以不完全依赖国家的食品供应了。卡斯讷任职时，有一个名叫波尔曼的教堂司事，他甚至在自己家的院子里养了两只羊。默克尔自己也说到过第二次世界大战结束后不久，民主德国的基督教牧师家庭生活的艰辛程度："我父亲不得不学习挤羊奶，我妈妈跟一位老妇人学会了做荨麻菜。交通工具是一辆有点奇怪的轻便摩托和自行车。"

不仅如此，默克尔的父亲在带着家人来到克维措时就很清楚，民主德国正在对教会进行迫害。1952 年到 1953 年间，民主德国政府以相当严厉的手段禁止青年人加入教会，不允许神职人员向青年人传教，并对接受青年人加入教会的教区施以严惩。

对此，卡斯讷一开始就感觉到了，因为他在克维措当牧师的同时也负责青年工作。国家对基督教会的侵犯尤其严重，不仅牧师，有不少基督徒也都被逮捕并且监禁起来。卡斯讷不会不知道，1952 年 6 月 14 日到 15 日准备在吕本瑙举行的青年会宗教节尽管开始得到了批准，但后来还是遭到了禁止，理由是教会青年会是个非法组织。当时，形式上仍统一的全德基督教会对迫害教会青年会的做法提出了抗议，但是到1953 年的"圣灵降临节"，还是有大约 3000 名倾向教会的学生被开除了学籍。

牧师家庭是受压制的，他们受了很多委屈，吃了不少亏。别的不说，东部神职人员的收入就远比西部的同行少，但即便如此，霍斯特·卡斯讷还是毅然决然地作出了举家搬迁、逆流而上的决定。不过，卡斯讷作出这个决定是经过慎重考虑的。当时，的确有那么一些在联邦德国受完神学教育的人到民主德国去做牧师，其中也有在联邦德国出生、与民主德国没有祖籍关系的人，默克尔的父亲霍斯特·卡斯讷就是其中之一。

霍斯特·卡斯讷从未对任何人说过自己为什么会作出这样的选择，离开汉堡这样的大城市，来到克维措这样的乡下；离开生活富裕的联邦德国，来到物质匮乏的民主德国；离开受尊敬的环境，来到不被政府所接受的环境。

但是，没有人可以否认，霍斯特·卡斯讷是一个高尚的人，是一个称职的牧师，同时也是一个虔诚的基督徒。人格、职业、信仰，也许正是这三方面的原因促使他作出了举家搬迁、逆流而上这个决定。

瓦尔德霍夫

小地方也有小地方的好处，在小村克维措，虽然卡斯讷一家的生活比较艰辛，但是在这里，政府与教会的对立并不像城市中那样尖锐。在小村克维措，教会始终是社会和文化生活的一个中心。默克尔的父亲在这里待足了 3 年，然后被调往滕普林，因此默克尔和她的弟弟、妹妹实际上是在滕普林度过他们的童年时光的。

向来有"下勃兰登堡明珠"美称的滕普林距离柏林约 80 公里，人口有 1.4 万，直到现在，已经退休的默克尔的父亲和母亲仍然居住在那里。小城滕普林保留着中世纪的城墙，默克尔说它几乎可以和罗滕堡相媲美。时至今日，在滕普林市内仍然可以见到修缮一新的大量木质房屋，那里最有名的建筑是哥特式的圣·格奥尔格教堂和巴洛克式的玛丽亚教堂，默克尔的父亲有时还在里面主持弥撒。

流连于小城之内，有时竟会有一种时光倒流的感觉，就像在一瞬之间回到了过去。滕普林的现任市长乌尔里希·舍恩纳希很高兴人们对他的小市有这么浓厚的兴趣，因为很多人都想了解一下，德国的总理究竟是在什么样的环境下成长起来的。

霍斯特·卡斯讷在教会里的第二个职位与传统的心灵关怀工作关系不大，主要是培养教会的工作人员。自1957年迁居到滕普林之后，他开始着手在瓦尔德霍夫建立一个教会工作人员培训班，即后来的"牧师学院"。

把卡斯讷召到滕普林去的是1972—1981年间柏林—勃兰登堡地区的大主教阿尔布雷希特·舍恩黑尔，他认为卡斯讷具备担任这个职务的前提条件——有能力做教育工作。瓦尔德霍夫地处滕普林城墙以外，为田野、草场、森林和湖泊所环绕，安格拉·卡斯讷在那里度过了童年时代的大部分时光。

瓦尔德霍夫已有150年的历史。19世纪，不少教会团体和个人纷纷建立了一些所谓的"救济站"，以救助工业化进程中生活困难的儿童和青少年。在这里，孩子们可以得到生活中缺少的那些东西：关爱和教育。1888年，"流浪男童教育协会"在瓦尔德霍夫修建了住房、农田、园林和一所寄宿学校。

霍斯特·卡斯讷到瓦尔德霍夫任职时，这里正面临着剧烈的动荡。1958年，国家强制关闭了"流浪男童教育协会"所办的寄宿学校，并把孩子们转到国家统一设立的青少年工作站，目的当然是为了让这些孩子从小就远离宗教。同年，在政府的主导下，很多有智力或精神障碍的残疾人搬进了瓦尔德霍夫。民主德国政府对残疾人不感兴趣，所以教会在这方面还有一点可以利用的空间。在霍斯特·卡斯讷看来，教会不仅应该看护好这些残疾人，而且应该给他们创造一个有尊严的生活环境。

事实上，在这些被社会抛弃的生理上有缺陷的人当中，很多都可以从事农业、园艺、打铁或制鞋等方面的劳动，虽然是在极为简陋的环境下，却几乎可以自食其力。另外，在瓦尔德霍夫，这些残疾人也没有被隔绝于社会之外，他们经常会帮助卡斯讷一家做家务、整园子，参加他们的家庭聚会，并且可以在滕普林自由活动。

默克尔曾经描述说，那时她与残疾人有着完全正常的交往，并从中领悟到健康并不是愉快的唯一标尺。直到后来某个时候她才知道，别人对跟瓦尔德霍夫的居民直接接触感到难堪，她的同学来访时，见到残疾人会觉得紧张害怕。她家当年的邻居里塔·科珊是个护士，她说得更明确："当地的父母都不愿意让孩子到瓦尔德霍夫来跟那些'有毛病的'孩子一起玩。"幸运的是，默克尔并没有受到那些同龄人的影响，也没有染上他们那样的"高贵的小毛病"。

小城瓦尔德霍夫深深地影响了默克尔的青少年时代。"那里的青年时代是田园诗般的。"回顾往事时，默克尔说："是的，我有一个美好的童年，西方常常忽视这一点，民主德国的生活也不全是政治。"

屈辱与幸福

　　默克尔的母亲卡斯讷太太是汉堡人，一个受过良好教育的典型的大家闺秀，这从她在汉堡时的职业是英语和拉丁语教师中可见一斑。但世事往往就是这样，你作出了一个选择，就要承担这个选择所带来的后果。卡斯讷太太这个大家闺秀选择嫁给以牧师为职业的卡斯讷先生，并且跟随卡斯讷先生从西德来到东德，就已经做好了放弃自己的事业，甚至时时刻刻遭到不公平对待以及遭人白眼的准备。在东德，因为卡斯讷先生的牧师身份以及夫妻俩的西德背景，当局担心卡斯讷太太的世界观会影响下一代，因此她便失去了当教师的资格，只能待在家里相夫教子，而这也让卡斯讷一家的经济状况更加紧张。面对这样的情况，卡斯讷太太虽然感到十分遗憾，但还是冷静地接受了这个对她来说相当残酷的现实，因为这原本就是她自己作出的选择，她不会为此而后悔、抱怨。

　　不过，对于小默克尔和她的弟弟妹妹们来说，母亲的"下岗"却是一件值得开心的好事，因为这样一来，母亲就有足够的时间和精力来陪伴他们了，当他们需要母亲的时候，母亲总是能够出现在身边。孩子们哪里知道什么是屈辱、什么是忧愁？能够时时刻刻和自己的母亲在一起，得到母亲无微不至的关爱，这就是孩子们眼中最大的幸福。默克尔回忆说："每天放学后，我都和母亲聊一两个小时，把什么都讲给她听。我至今感谢我的父母使我们在家里能有这样的机会。"

卡斯讷太太非常重视孩子们的教育。由于家庭背景不好,卡斯讷太太心里很清楚,孩子们在学校肯定会比那些工人家庭的孩子遇到更多的困难,因此她有意识地鼓励 3 个孩子积极争取好的学习成绩。每天早上孩子们去上学时,细致、乐观、坦诚的卡斯讷太太都嘱咐他们,身为牧师的子女要比别人表现得好,否则在这个信仰无神论的国家里是不可能上大学的。是与卡斯讷先生的爱情让这个汉堡的大家闺秀毅然决然地跟随家庭来到东德,是对于孩子们的爱让这个因为社会原因而失去了自己事业的母亲一次又一次勇敢地揭开自己心中的伤疤。

当默克尔被问到父亲和母亲谁更重要时,这位在欧洲叱咤风云的女总理的回答显得很是"外交",她说:"这不好说。父母有着传统的分工:母亲负责打理家庭和教育孩子,只有在遇到特别麻烦的事情时父亲才会出面。此外,我从父亲那里学到了严谨的逻辑思维能力。我和弟弟妹妹受到的教育是很严格的。虽不是经常有的事,但只要是必须的,父母一定会惩罚我们,比如扣除零花钱、关禁闭,如果错误很严重,父母也会眼含着热泪打我们一巴掌。但如果哪个孩子生病发烧了,退烧后还得在床上躺 3 天,至少不能出家门。"

为子女而妥协

默克尔曾说："小时候，父母总是告诉我们该怎样与国家安全部的人打交道。我们都知道，在面对这些人时，如何才能得体地回答他们的问题。"在东德，牧师是一个相当敏感的职业，更何况卡斯讷先生并不是一个默默无闻的人物。卡斯讷的工作地——瓦尔德霍夫在柏林—勃兰登堡教区闻名遐迩，而他本人也在柏林—勃兰登堡州教会内起着核心作用，他建立并领导的牧师学院在柏林墙修建之前一直由西部教会资助，是一个培养助理牧师和培训牧师的重要机构。多数神学家无论是进修，还是在第二次国家神学考试前、当助理牧师的学习期间，都得到滕普林来。勃兰登堡的每一个牧师在学习期间或长或短都至少在瓦尔德霍夫待过一次，他们在这里跟默克尔的父亲学讲道。

由此可见，卡斯讷是州教会的精神中心。此外，卡斯讷在教会内部有很好的关系网，虽然他的观点有时在教会里不能赢得共识，甚至还得了个"红色卡斯讷"的绰号。卡斯讷先生与舍恩黑尔大主教的关系非同一般，大主教始终支持他。1974 年 9 月 27 日至 10 月 1 日在波茨坦举行的民主德国基督教会联盟代表大会上，舍恩黑尔做了一个题为"教会作为学习者的共同体"的报告，而卡斯讷做了补充报告，由此他的影响力可见一斑。

正是因为卡斯讷先生的影响力，再加上卡斯讷一家的西德背景，国家安全部对家庭里的成员盯得格外紧。事实上，由于东德政府一直以来的打击基督教会的政策，卡斯讷先生对于政府不可能没有抵触情绪。与此同时，卡斯讷先生也并不是一个无牵挂的人，他虽然有自己的立场和观点，但家庭却也是他无法抛弃的，更重要的是他还有 3 个孩子。

所以，卡斯讷与国家安全部的关系问题是一个很难回答的问题。一方面，在安全部的档案中有这样的记录："卡斯讷，1954 年来自汉堡／西德，是我们工农国家的反对者。"另一方面，有一个女记者报道过，一位当年的民权运动人士——如今默克尔的党内朋友证实，默克尔的父亲曾经为安全部工作过，尽管时间极短。一方面，卡斯讷先生对东德政府，尤其是国家安全部心存反感；但另一方面，正所谓"人在屋檐下，不得不低头"，为了自己的家庭、孩子的前途，卡斯讷先生又不得不选择妥协。尽管卡斯讷先生为国家安全部工作的时间极短，而且我们也根本无法知晓他究竟曾为国家安全部做过哪些工作，但可以肯定的是，卡斯讷先生决不是自愿为之，他在做这些工作时心里一定是极度痛苦和不平的，因为这与他的立场和观点背道而驰。

默克尔的同学哈拉尔特·洛什克与卡斯讷先生相当熟悉，他回忆说："默克尔的父亲是一个特别的人，他学识渊博、很有威严，好像一眼就可以看穿别人的内心似的，只要他一说话，别人就只有听的份儿。"在牧师学院结识了卡斯讷先生的潘科也回忆说："卡斯讷先生是一个值得尊敬的人，从精神上来说，他不赞成民主德国那一套。"

在瓦尔德霍夫的讨论中，他总是试着从精神层面来进行批评。他是个小屋里的闭门思索者，有自己的政治观点，绝不仅仅是一个牧师而已；他知道避免与国家冲突的界限在哪里，并没有试着反对国家；他很自律，也要求别人守纪律。这就是卡斯讷先生。

两个难题

即便卡斯讷先生选择了妥协，但默克尔和她的弟弟妹妹们还是无法像普通人家的孩子那样无忧无虑地成长，因为牧师家庭的子女跟普通人家的孩子终究是有些不同的，比如是否参加成人节、是否加入少先队和共青团等等。这些对于普通人家来说顺理成章的事情，在卡斯讷先生那里却都是必须要仔细斟酌的难题。

1954 年，民主德国根据自由宗教运动和 19 世纪工人政党的反教会传统设立了青年成人节仪式。设立成人节的目的主要是为了与基督教青年会及其举行的坚信礼相抗衡，让广大德国青年在工人阶级及其革命政党的领导下统一思想、统一行动，在民主德国建设发达的社会主义社会。大多数德国家庭都信奉基督教，参加基督教青年会所举行的坚信礼是大多数德国青年很正常的选择，但是成人节的设立打破了坚信礼的"垄断"局面。成人节变成了坚信礼的竞争者，对于身为教会神职人员的卡斯讷先生来说，让自己的孩子去参加成人节显然是不合适的。

有报道说，默克尔参加了成人节的准备活动，但没有参加仪式。

默克尔同学们的成人节仪式是 1969 年 4 月 19 日在埃利希·维纳特文化宫举行的。通过这个仪式，默克尔的同龄人就算是步入劳动人民的大家庭了。与之相对的是，卡斯讷先生最终还是决定让默克尔于 1970 年 5 月 3 日在滕普林的圣玛丽亚教堂接受了坚信礼，为她主持坚信礼的是大教长汉斯·格奥尔格·施拉姆。

与是否参加成人节类似的是关于默克尔和她的弟弟妹妹们是否应该加入少先队和共青团的问题。原则上来说，牧师是不应该让他们的孩子加入少先队和共青团的。但是，卡斯讷夫妇不想让自己的孩子们在学校以及以后的工作中成为异类而受到歧视，于是让孩子们自己做这个决定。默克尔决定加入少先队和共青团，这虽然与卡斯讷先生的立场背道而驰，但卡斯讷先生还是对女儿的决定表示支持和赞同。在中学时，默克尔不仅是个普通团员，她的同学回忆说，她还当过团小组的干部，虽然只有十来岁，但她的组织天赋已经显露无遗。

政治与家庭

对于默克尔来说，卡斯讷先生是一个对她要求极高，但也在时时刻刻为她着想的严父。可是，进入政坛后的默克尔在接受采访时，却几乎绝口不提及父亲而只谈母亲，其原因在于她无意让卡斯讷在社会主义民主德国的真实作用大白于天下，因为即使在统一后的德国，这样的话题也太过敏感了，谈及这样的话题无论是对于卡斯讷先生还是默克尔本人来说都没有什么好处。对于父亲的政治观点，如今她描述得比较缓和："我父亲不是不欢迎德国的统一，但他觉得西部的制度也不是完全理想的，他对民主德国的看法比较平缓，不像我那样全部否定。"

默克尔的父亲卡斯讷先生是一个在政治上颇具影响力的人，那么卡斯讷夫人呢？我们前面曾经提到，在全家搬到东德之前，卡斯讷夫人曾是一名教师，但是在东德，她失去了继续做教师的资格，在很长一段时间内，卡斯讷夫人都不得不在家相夫教子，做一名全职家庭主妇。

可事实上，受过良好教育的卡斯讷夫人并不甘心就这样平平淡淡地过完一生，始终不满意自己在东德所受到的压抑，一有机会就会积极地行动起来，做些她认为有意义的事。在1989年两德关系出现转折点之前，卡斯讷先生在政治方面相当活跃，而在德国统一之后，他却基本退出了政治领域，安心地做他的退休牧师。卡斯讷夫人却恰恰相反，从1989年以后她开始了积极的政治活动。

2000年，卡斯讷夫人接受采访时曾说过："几十年都不能做什么，转折以后我就想有所作为。"她也的确是这么做的，她曾经加入了社民党，但那里似乎也不是她真正的归宿。她曾对基民盟滕普林主席、女儿从前的数学老师贝斯科说，就算已经在东德住了几十年，但在别人称她为"同志"的时候，她还是觉得很别扭。很多新加入社民党的民主德国人对此都有同感，因为他们觉得"同志"一词在民主德国被滥用了。她之所以没有加入基民盟，大概与在民主德国这个党和统一社会党是同盟关系有关。

现任滕普林基民盟主席的贝斯科非常称赞卡斯讷夫人 1993—1998 年任市议会议员时的合作精神。市长舍恩纳西也对她赞不绝口："她是最好的市议员，帮着出主意、想办法，认真阅读所有文件。"岁数挺大还学会了用笔记本电脑办公的卡斯讷夫人显然跟她的议会党团有矛盾，对滕普林社民党内说话的口吻很反感。尤其是在她看来，市议会主席和党主席两个人都想争权，互相之间经常大吵大闹，这实在是不应该。而现在，卡斯讷夫人在滕普林业余大学教英语，终于又回到了她最喜欢的行业当中。

令人欣慰的是，在这个每一个成员都与政治有着千丝万缕联系的家庭当中，默克尔和卡斯讷夫人之间的母女感情似乎并没有受到政治活动的影响。女儿在私人谈话中常半开玩笑地提及母亲是社民党党员的事，在采访中和讲话里也不例外。2002 年联邦大选时，默克尔曾到滕普林发表竞选演说，卡斯讷夫人就作为普通听众站在人群当中看着自己的女儿，只是不清楚身处竞选战斗中的默克尔当时是否知道这一点。对于研究默克尔生平的记者来说，母女政治关系的故事自然是求之不得的好材料。总的来说，母亲不觉得大女儿的知名度是个负担，但每天在电视新闻里都看到自己的孩子总有一种比较奇怪的感觉。

总而言之，无论是父亲母亲，还是弟弟妹妹，默克尔和他们的关系都不错。她的 50 岁生日是和家人、亲戚以及几个很要好的朋友一起庆祝的，既没有邀请政要名流，也没有举行大型庆典。

在这个政治氛围相当浓厚的家庭当中，那些民主德国时期业已存在的不同政治见解，比如在"工农的国家能否长久存在"问题上的分歧，到现在依然存在，所以默克尔才把同父母的关系形容成"亲近、友好，但也有一定距离"。当然，这并不能作为默克尔和她的亲人们关系紧张的证据，因为在家庭成员们看来，这样的关系反而有助于让每个人都能有属于自己的生活空间。现在，默克尔的父母住在滕普林一个新建的住宅区里，都还在忙着各自的事情，担任着名誉职务。卡斯讷家是个知识分子聚会的地方，来的人主要是医生和律师，他们都是和卡斯讷先生以及卡斯讷夫人志同道合的朋友，他们才不管这个家庭的大女儿是不是联邦总理

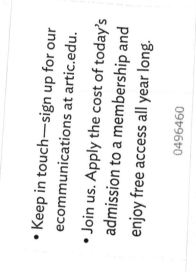

第二章 ／ 没有什么不平凡

> 你无法一眼就看出哪个小孩将会在长大之后成为整个国家的领袖，所以喜欢收集明信片、有一群要好的闺蜜、曾因偷偷吸烟而挨批评的中学时代的默克尔，也只不过是一个学习成绩比较出色的平凡女孩罢了。

长处与短处，梦想与现实

学会走路以后的孩子常常会不停地走来走去，在他们幼小的心灵中，这个博大的世界里有太多的东西等着去发现。一旦他们知道可以通过两条腿去探知世界，就只有父母可以阻止他们，让他们不能自作主张跑得太远。默克尔却不是这样的，她的语言能力很强，3 岁时到汉堡姥姥家住了 10 个星期后就带回了一口的汉堡腔，她甚至能用地道的汉堡口音求妈妈帮她下楼梯。

不过，上帝对每个人都是公平的，相对于语言能力，默克尔在运动机能方面的发育有些迟缓。这个孩子就是不肯好好走路，甚至在学会走路之后又过了好几年才敢不用父母帮助一个人下楼梯。默克尔在这方面的困难使得她常常派比自己小3岁的弟弟去拿想要的东西，而自己则站在学步筐里等着。默克尔也曾经笑言，说自己在运动方面是个不折不扣的"小笨蛋"。与绝大多数人不同，据默克尔自己说，她需要先思考清楚下山的整个过程是什么样，然后再实际尝试和学习。到了12岁，为了下台阶时不致迈得太多或高度不当，她每一次都得把要走的路预先做周密思考。这样的习惯也许对于成年以后的默克尔帮助很大，让她不会草率地作出错误的决定，但单就学习走路一事来说，这却是一个很不好的"坏习惯"。

运动机能的发育迟缓也影响到默克尔在学校的功课，她虽然文化课优秀，但体育一直很糟。她曾这样评价自己："在体育课上，我是那种能在3米跳板上站一整节课，看着同学们在游泳池里玩，直到下课都不敢跳下去的人。"

每个人在儿时都有这样或那样的美好梦想，默克尔儿时的梦想是成为一名花样滑冰运动员或芭蕾舞演员，当然就她的天赋来说，这样的梦想是不可能实现的。默克尔在家中是大姐，总的来说是个乖乖女，但有时候也会发脾气，那是因为弟弟马库斯和妹妹伊蕾妮招惹了她。像天底下所有的母亲一样，默克尔的妈妈也爱絮叨。当母亲给她布置她不感兴趣的活儿，例如到菜园里摘菜时，难以忍受的默克尔就会大声反抗，和母亲就这件连母亲也不愿干的活儿展开"原则讨论"。每到这时，默克尔的语言天赋就开始发挥作用了，就算卡斯讷太太曾经当过英语和拉丁语教师，口才出众，也常常被小默克尔驳得哑口无言。

痴迷明信片的普通女孩

　　虽然在宗教界颇有名气，但作为牧师的卡斯讷先生的收入却实在少得可怜，甚至连给 3 个孩子买新衣服的钱都没有，好在一家人时常能够收到卡斯讷太太娘家从汉堡寄来的包裹，所以默克尔和她的弟弟妹妹小时候几乎从没穿过典型的民主德国服装。

　　作为家里的大姐，默克尔从小就在穿着打扮上跟其他的孩子不一样，十几岁时，她参加聚会穿的是西德流行的牛仔裤，而在东德，女孩子们的最爱却是迷你裙。卡斯讷家的一个女邻居还曾回忆说："牧师的大女儿总是戴着一顶宽沿的帽子，看着像个'小太阳'。"

　　默克尔的爱好也与同龄人不大一样，就在别的女孩为了班上的帅哥和百货公司里的漂亮裙子如痴如狂的时候，默克尔却在痴迷地收集着艺术明信片。直到现在，在默克尔的父母那里，还有几大捆她小时候钟爱无比的美丽卡片，上面承载着这位叱咤欧洲的女政治家那青春飞扬的童年时光。

　　小城滕普林离柏林很近，默克尔小时候很喜欢去柏林，因为她的奶奶就住在东柏林。在奶奶家，默克尔可以看电视直到晚上 10 点。在柏林，默克尔最喜欢的活动是看话剧和参观博物馆，甚至还在那里认识了不少外国人，保加利亚人、美国人、英国人都有。15 岁时，她就和美国人一起去吃饭，向他们介绍德国文化了。默克尔的口才向来是很好的。

身在民主德国的默克尔还对联邦德国的政治很感兴趣，她说自己上中学时就已经能背出联邦政府内阁全体成员的名字，还笑称他们的名字要比民主德国领导人们的名字好记得多。一个女同学说默克尔当时最喜欢的联邦德国政治家是赫尔姆特·施密特，因为她十分敬佩他自信而又从容的气质。当然，小默克尔很难从正式渠道了解到这些有关于联邦德国的信息，古斯塔夫·海涅曼当选联邦德国总统的消息还是她在学校厕所里偷偷听来的。

除了装束和爱好之外，默克尔在音乐的品位上也与同龄人有些差异。她的同学和朋友当中有一大批滚石乐队的狂热粉丝，但默克尔却对滚石乐队不感兴趣，她喜欢跟着披头士乐队的音乐跳舞，尤其喜欢保罗·麦卡锡。此外，妹妹出生后，年仅13岁的默克尔就已经有了自己单独的房间，而且是和父母的住宅分开的。对于处于青春期的年轻人来说，这无疑是件美事儿，哪个年轻人不梦想着尽可能独立和不受监视呢？默克尔这间陈设简单、墙上只有一幅从汉堡的外祖母处得来的印象派画家塞尚的印刷画的房间立即成了她和朋友们理想的聚会地点，孩子们可以在这里不受干扰地举行各种活动。默克尔的文具盒里有一支鹈鹕牌的自来水笔，那是西边的亲戚寄给她的圣诞礼物，这也让同学们羡慕不已。

除此以外，默克尔无论从哪里看来都是一个再普通、再正常不过的东德年轻人。她每天戴着整牙支架和矫形鞋垫，心里有一点点忐忑不安，却也在暗暗希望着能够有一些与众不同的经历。每一个年轻人都是这样的，不是吗？

在德国大报《星期日图片报》的一次采访中，记者请默克尔回忆童年最美好的经历，默克尔笃定地说是圣诞节前和父亲一起到森林里去伐圣诞树。一提到自己的童年，默克尔总是兴致勃勃的，她说自己很小的时候最怕的就是高大的马匹和愤怒的火鸡，因为父亲曾经告诉过她，虽然马的外表温顺，但千万不要试图从后方接近马，这很危险，而那些炸毛的火鸡看起来简直恐怖极了。

默克尔说自己童年最奢侈的梦想是能尽情地喝苹果汁，因为她家没有自己的苹果树，"如果能再有两个炸肉饼那就是十分幸福的事情了"。在卡斯讷家带畦的小花园里，默克尔种上了紫菀、金盏和各种各样的蔬菜，这些花很美、很香，而每到秋天，那些蔬菜就可以让全家大快朵颐。她说自己种的胡萝卜长得最好，而菜花和小萝卜总是长不大，她曾经向妈妈请教这是怎么回事，可教拉丁语出身的卡斯讷太太也帮不上她的忙。

班级里最好的学生

默克尔小学时的同班同学兼童年密友伊尔克这样评价这位现任德国总理："从上小学开始，她就是班上最好的学生，没有人能在学习成绩上超过她。"多莉斯·伯克，这位现任滕普林"黑乌鸦"酒馆的女老板，同时也是小城滕普林的风云人物，她也曾说过："默克尔是个典型的乖乖女，她从不爱出风头，在所有人都不好好学习的时候，只有她在认认真真地做笔记。"

除了当年的同学，默克尔的老师们也都说她是个勤奋而有天赋的姑娘。默克尔中学时的数学老师、后任滕普林歌德中学校长的汉斯·乌尔里希·贝斯科说无论什么课程，她总是一学就会，甚至有时候还会抱怨课程的难度太低，让她"吃不饱"。在学校同样成绩很好、曾经和默克尔同时获得莱辛银质奖章的霍恩泽在谈到默克尔时，说她一方面是个"乖女孩儿"，另一方面学习能力极强，老师教的知识根本满足不了她。

默克尔是1961年上的学，虽然她从小到大都是班级里不折不扣的优等生，是老师和同学们眼中勤奋刻苦、认真学习的代表，但其实小时候的默克尔并不是一个很高调的人，也并没有表现出很强的领导能力。教过默克尔的老师们都说，默克尔虽然因为是牧师的女儿而受到过某些不公平的对待，但实际上她在班上并不孤立，而且人缘相当不错。在老师们眼里，小时候的默克尔从来不会惹老师生气，也从不挑衅，更加不爱出风头，她文静、自信，是个最理想的好学生。

但是老师们也说，小时候的默克尔一方面相当自信，另一方面却也时刻处在紧张之中，很多时候，她还是不能像其他的孩子们那样时刻放松。小时候的默克尔总是时刻保持着理智，从不调皮捣蛋，因为她时时刻刻都在控制着自己的情绪和行为，她从小就是一个自制力极强的人。当然，在现在看来，默克尔小时候的这种特质与她牧师家庭的出身是有关系的。一方面，从小受到的宗教熏陶让默克尔学会了坚忍和自制；另一方面，从小受到的一些潜移默化的不公平对待也让默克尔对周围的环境存在一些若有若无的排斥心理和警惕性。

从 20 世纪 70 年代中期开始，东德的孩子中大概只有 10% 的人能上高中，学生们在八年级时的成绩是决定他们是否有资格上高中的关键。不过，东德却并不存在像现在的"中考"这样的升学考试，而是由县督学和中学校长组成的委员会从九年级开始挑选最好的学生。幸运的是，学校当时虽然优先照顾工农子弟，但绝对没有歧视牧师子女。所以，像默克尔这样的优等生理所应当地成为那 10% 有资格上高中的幸运儿。

　　民主德国极为重视学校，尤其是高校的意识形态教育，因此在高中的各门功课里，马列主义学习是一门重点。默克尔平行班的同学哈拉尔德·洛什克说，我们老师说过，我们学校是干部铸造基地，谁不接受铸造就会被淘汰。在默克尔就读的高中里，拎着西德百货商店购物袋来上课的学生都会被赶回家，因为一个忠实执行党的路线的学校里是不可能允许有西德的资本主义广告出现的。之前曾说过，卡斯讷先生和卡斯讷夫人衷心希望自己的孩子能够和社会、环境及身边的同龄人融洽地相处，而不是像自己一样被国家当作异类，甚至当作潜在的敌人对待。平素小心翼翼的默克尔靠自己出色的学习成绩赢得了老师和同学的重视。一个跟她关系不错的同学还曾给她出主意：如果有人问她父亲是做什么的，她可以含糊不清地回答，使得"牧师"听起来像"司机"，以便使自己看起来不那么与众不同。

俄语与奥林匹克

在所有的学习科目中，默克尔最喜欢俄语，她认为俄语是一种"美丽的语言，富于感情，像音乐，又伤感"。当然，她也能熟练地掌握英语以及各门自然科学。物理是默克尔唯一得过不及格的学科，她其余课程的成绩都是最好的。

不过，在学习上，默克尔也不是样样都行，也有自己的弱点。除了前面提到过的体育以外，那些要求实际操作的功课（如绘画和手工）她都不太行，就连平均水准都达不到。默克尔在德国电视二台组织的一次"班级聚会"上也曾经自曝过自己的弱点，说自己的音乐不怎么样，"唱歌还勉强，别的都不行"。

除了这几样，默克尔对其他所有的课程都很有兴趣。她的短期记忆力很强，应付学校考试很占便宜。许多同班同学都说默克尔从不介意别人"借鉴"她的家庭作业，她也愿意把那些自己已经掌握的知识教给别人，这让她在班里很有威信。默克尔的数学老师和曾经的班主任多纳特在谈到默克尔这个得意弟子时极为兴奋，说她棒极了，文静、逻辑性强、主动，当她的老师是一件非常有乐趣的事。多纳特虽是默克尔最厌恶的前东德统一社会党的党员，但包括默克尔在内的所有同学们都由衷地说，他是个得到学生们认可的受欢迎的好老师。

除了学习成绩出色之外，默克尔在其他方面的准则是尽量不引人注意。因出色的社会表现和学习成绩，在十年级结业时，默克尔从县督学弗莱明和校长加布里埃尔手中接过了莱辛银质奖章。和其他自然科学一样，数学在民主德国特别受重视。默克尔是校青年数学家俱乐部的成员。八年级时，默克尔在数学奥林匹克比赛中凭借自己的聪明才智一路过关斩将，一直杀进了国家级决赛。在数学奥赛获奖后一年，默克尔又在俄语奥林匹克比赛中获胜。她作为滕普林地区代表队的一员与队友们一起前往柏林参加比赛。对于那次比赛，默克尔的印象相当深刻，因为比赛的那一天恰好是列宁诞辰 100 周年纪念日。

后来，默克尔把自己能娴熟地掌握俄语归功于小时候常和驻扎在滕普林及其附近的苏军战士聊天。尤其令她记忆深刻的是，有些苏军战士当时就说过德国的分裂是不正常的状态，统一只是个时间问题。不过，默克尔这样说显然伤了她的俄语老师的心。默克尔的俄语老师艾里卡·本对默克尔有关自己如何学好俄语的说法觉得有点儿失望，觉得她在教育工作中对有天赋的学生给予的特别培养没有得到默克尔的承认。本有点儿生气地说："她这么说可不好，她的俄语肯定不是跟那些苏军战士学来的。"但当话锋转到自己从前这个学生的学习态度上时，本至今仍赞不绝口："安格拉特别勤奋，能自学成才。她从不犯错误，内向但不胆怯，她甚至在汽车站等车的时候还在背单词，后来我再也没遇到过这么聪明的学生。"

卡斯讷先生曾把一篇带照片的报纸文章剪下来寄给本，照片上是默克尔这位本从前的学生与俄罗斯总统普京会晤的情形。文章中说，普京非常钦佩基民盟主席能够如此熟练地掌握俄语。本说："这表明默克尔的父亲是承认我为他女儿所付出的心血的，可惜默克尔没有这样做。"

不管怎么说，当时 15 岁的默克尔从学校、县、专区一直到全国，一路过关斩将赢得了最终胜利，获得了去莫斯科参加世界俄语奥林匹克的殊荣。此行因为两件事留在了她的记忆中：一是在那儿又有人对她谈到了联邦德国和民主德国的重新统一，二是在莫斯科这个世界共产主义的中心买到了她的第一张披头士乐队的唱片。"我们都生活在一艘黄色的潜艇上"从此响彻在瓦尔德霍夫。

向往集体的少年

虽然在某些方面，默克尔与滕普林的其他年轻人有所区别，但这绝不意味着少年时代的默克尔是个不合群的人。从一年级开始，默克尔就是学习成绩最好的学生。在大多数社会主义国家，这样的学生会因出色的成绩获得奖章，但当时 7 岁的默克尔却没得到，因为她牧师家庭的出身，一开始她也没有资格加入少先队。在默克尔刚开始上学的时候，这个问题其实并没有得到卡斯讷先生的足够重视，他对默克尔说："每个人都得上学，但不是每个人都得成为少先队员。"也许正是卡斯讷先生的这个决定使默克尔失去了好学生奖章，学校把奖章颁给了她多年的同学伊尔克。就是这个伊尔克向班主任老师指出，默克尔的成绩和自己一样好，老师简单明确地回答道："可你是最优秀的少先队员。"

一年级结束时，卡斯讷夫妇决定让默克尔自己决定是否入队、入团。默克尔是个向往集体的人，不想因为入队的事而被老师、同学和朋友们看作异类，所以她几乎只用了一秒钟就决定加入少先队，后来也入了青年团。

事实上，少年时期的默克尔热衷于参加各式各样的聚会，也很喜欢组织人多的大活动。谈到学生时代，她认为自己是个"头头"，有什么活动总是由她来组织，做作业时总帮助别人。她还和几个同学一起用帆船协会的一艘独桅纵帆艇去勃兰登堡游湖，毕业后的那次出游，她们整整走了一个星期。十年级以后，默克尔更是经常与朋友们一起出门旅行，她们背着行囊、帐篷乘火车去过布拉格、布达佩斯、布加勒斯特、索菲亚等地。成年后的默克尔去过的地方更多，就连遥远的亚美尼亚、阿塞拜疆和格鲁吉亚都留下了她的足迹。

虽然说默克尔是一个向往集体并且喜欢组织活动的姑娘，但在她当年的同学当中，恐怕没有任何一个人能想到这个绰号叫"卡西"的女孩具有成为国家领导人的潜质。默克尔的同学贝斯科就回忆不起她有什么特别的领导魅力，因此默克尔后来在政界青云直上着实令滕普林很多熟悉她的人大吃一惊。洛什克也是这么说的："默克尔是个诚实的人，而政治遵循的是另外的规则。"

当然，少年时期的默克尔也有自己叛逆的一面。八年级时，有一次她和同学在森林里吸烟被县农机企业的师傅当场抓获，差点儿受到警告处分。虽然烟是伊尔克弄来的，但有些同学至今仍觉得不可理解："她不是道德的化身吗？"

伊尔克也强调，她从不出风头，她的领导能力是通过成绩、坦诚和乐于助人来体现的，以此团结了全班。他记得十二年级二班是个学生成绩很好的班，有三四个学生以超优异的成绩毕业，五到六个是优秀，班里的气氛是很团结互助的。

伊尔克还记得，默克尔有西边的亲戚，因此总是穿着滑雪衫和牛仔裤，为此还受到了某些同学的忌妒。对默克尔的努力精神，伊尔克至今仍很佩服："不管把默克尔放在哪儿，她总要当第一名。如果是物理学家，她会争取得诺贝尔奖。但总的来说，她还是比较内向的。"默克尔的合作精神给伊尔克帮了很大的忙，例如对于他俩的比赛项目俄语，他们总是事先一起考虑下一节课会考哪些知识，默克尔列出来，他背熟，果然就通过了，说起来伊尔克至今还很激动。

那么默克尔是怎样看待自己的呢？据她自己说，她从小就是这样，"用脑子指挥"。上学时，要从 3 米跳台跳到水里，她需要 45 分钟的准备时间，铃声响了她才跳。"我想，在决定性的时刻我还是勇敢的，但我需要较长时间的准备，总是尽可能事先考虑周全，即兴的勇敢我没有。"这是她自己说的。她总是要事先知道等待着她的是什么。生活有序、避免混乱对她来说很重要，一旦决定，绝不反悔。

第三章 ／ 神学与自然科学

> "社会主义"与"牧师",这本是两个丝毫不会有交叉点的名词,但是在默克尔的身上,"社会主义"是她的国家,"牧师"是她的家庭,冲突看起来也是不可避免的,于是默克尔并没有选择继承父亲的事业,而是选择了从事自然科学研究。

有些话能说,有些话不能说

1968 年是一个令所有东德人都不会轻易忘记的年份,对于默克尔来说,1968 年发生的"邮票事件"同样令她记忆犹新。熟悉世界近代史的人恐怕早已猜到是什么事情让东德人如此难忘,没错,那就是"布拉格之春"。

默克尔说,"布拉格之春"事件后,父亲卡斯讷以及其他许多东部和西部的人都曾抱有希望,布拉格发生的事情能给华沙条约国家带来"人性化的社会主义",可是"布拉格之春"事件的发生让这些人从头顶一直凉到了脚底。

　　当然，当时只有14岁的默克尔不可能有这样的觉悟，在"布拉格之春"发生的时候，卡斯讷一家正好在捷克巨人山脉一个叫佩克泊斯内茨克的地方度假，卡斯讷夫妇租了一家捷克人的度假屋。在度假的时候，默克尔曾亲眼看到这家的男孩把印有捷克共产党第一书记——诺沃提尼头像的邮票撕得粉碎，"我跑过去问他是怎么回事，他告诉我，现在杜布切克才是真正的英雄，所有印着诺沃提尼（前任捷克斯洛伐克共产党第一书记、捷克斯洛伐克总统）头像的邮票都应该被扔到厕所里去"。这是默克尔讲的她所经历的"布拉格之春"。

　　卡斯讷夫妇都是十分关心政治的人，为了亲历杜布切克改革的气氛，夫妇俩把孩子们留在度假地，两天之后才从布拉格回来，可是既幸运又不幸的事发生了，1968年8月20日夜里，华约国军队入侵了捷克。说这件事幸运，是因为卡斯讷夫妇在苏军占领布拉格之前就已经离开了那里；而不幸的是，在苏军这次精彩的突袭战之后，夫妇俩也已经完全失去了前往布拉格的意义，因为杜布切克政权在一夜之间就倒台了。默克尔还记得，8月21日早上她在厨房吃早饭时，听到了收音机里传来军事行动升级的不幸消息。

　　回到学校后，老师让孩子们讲述假期的经历，默克尔本想把在捷克的伤心经历和邮票的故事讲给老师和同学们听，但是当她"从老师的眼神里看出这件事的危险性"时，默克尔忽然意识到在这个国家有些话能说，有些话却是不能说的。于是，默克尔临场改变了原来要讲的内容，幸亏她口才很好，她的故事仍然赢得了老师和同学们的掌声。

经过这件事之后，默克尔变得更加成熟，也更加知道如何去保护自己。她的父亲是一个不受民主德国政府欢迎的牧师，从来也不能把自己心中的想法，以及真正的见解毫无顾忌地宣诸于口。默克尔痛恨这种压抑的状态，而这正是她选择放弃继承父亲的事业——神学而投身并不真正热爱的自然科学的原因之一。在自然科学这个圈子里，压抑和限制毕竟要少得多。

险些断送前程的文艺汇演

十几岁的孩子总是叛逆而冲动的，虽然家庭背景让默克尔远比身边的同龄人更加成熟、更加冷静，但即便如此，她还是会因为某些冲动热血的行为而给自己带来麻烦。这个发生在默克尔高中毕业前夕，也就是1973年的麻烦，远比之前的"吸烟事件"要严重得多，也是这件事几乎断送了默克尔的前程。

在1973年，几乎所有社会主义国家的人民都在为越南战争的胜利而欢欣鼓舞。当时，学校为了声援在亚洲作战的社会主义兄弟，要求默克尔所在的那个即将毕业的年级组织一次大型文艺汇演，年级中的每一个毕业生都要参加演出。可是，默克尔和她的同学们并不情愿，他们已经拿到了大学录取通知，且自我意识强烈，对文艺会演毫无兴趣。于是，全班联名向老师提出抗议，事情闹成了丑闻。

卡斯讷先生曾经相当郑重地警告过默克尔，说他们这样做很可能会造成相当严重的后果，甚至导致他们无法正常毕业，可是默克尔似乎完全没有听进父亲的忠告，直到她所在的班级在学校广播里被公开批评之后，默克尔和她的同学们才勉强决定排练一个节目。

没想到的是，学生们委曲求全的妥协却使得事情越弄越糟，他们决定朗诵克里斯蒂安·莫根施特恩的诗歌《哈巴狗的日子》。诗中有这样的句子："人啊，好好守护住你自己吧，否则你也就成了墙头的哈巴狗。哈巴狗，坐墙台，朝外看，不下来。"他们排练的另一个节目则是用英语这一"阶级敌人"的语言演唱国际歌，而不像所要求的那样为越南和莫桑比克的解放运动募捐。

当时，学生们完全没有意识到这两个节目当中所包含的内容有什么不妥。但在学校看来，这不仅是对校长的挑衅，而且是对上任不久的县督学弗莱明的挑衅，而"墙"这个词在特定的政治环境里更显得格外可疑。再加上莫根施特恩是个资产阶级作家，默克尔和她的同学们所排练的这两个节目竟然引来了国家安全部的全面调查。

校长加布里艾尔后来证实说，当时的形势对年轻的默克尔来说之所以很严重，是因为一个牧师的女儿很容易被当作事件的始作俑者。后来，国家安全部的调查显然也想证明默克尔就是那个牵头的"不良分子"，但好在默克尔平时人缘不错，班上没有任何一个同学为了撇清自己而跳出来指认她。全班同学高度团结，出了事，所有人都想一起扛。

在家长会上，事件接着升级，这次是发生在教师与家长之间。学校的态度相当强硬，引起了不少家长的强烈抗议，结果一批家长集体起立离开了会场。当时，卡斯讷先生非常担心，因为没有人比他更了解自己的身份会给女儿带来些什么，他很怕女儿会就此失去上大学的机会。卡斯讷先生自己回忆说："这是我一生中作出的最大胆的抗议行为。当时，我有个很有关系的朋友，他告诉我，如果我还不去找上边的人，这件事恐怕很难解决了。"

默克尔回忆起这件事情时总结说，在统一社会党领导之下的国家就是这样，如果在某一个层面上事情办不通了，就得去找上一级告状，把希望寄托在上级的判断上。卡斯讷先生于是找到了自己的上司——大主教舍恩黑尔，他通过舍恩黑尔大主教向统一社会党中央负责宗教事务的书记汇报了这件事，同时还给统一社会党专区领导写了一封请求信，由默克尔负荆请罪似地带到柏林交给民主德国教会最高法律专家、当时的教会监理会成员、现今负责东部建设的联邦交通部长施托尔帕。这些部门的介入使得国家安全部的调查有了顾忌，事情终于开始向好的方向发展。

文艺汇演事件的最终结果是，包括默克尔在内所有参与表演和排练那两个节目的学生都收到了一封学校教育委员会于1973年5月8日发出的警告信，信中批评了他们政治挑衅和违反学校规定的行为：按照规定，每个学生都有义务在青年团的带领下积极参加学校和社会的政治文化活动。十二年级二班的节目损害了全校同学的公众形象，违反了纪律。受到斥责的这些人辜负了社会对即将毕业的高中生给予的信任。

信中的说法看似相当严重，但实际上对当事人来说，这封信中最最重要的一句话是："学校的处分不记入操行评语。"这句话意味着文艺汇演事件得到了相当圆满的处理，学生和家长们直到这时才算松了一口气。最后，没有一个学生因此被开除，他们都毕了业，上了大学。

但这一事件也不是全无后果，任何事件都要有一个承担责任的人才行，学生们逃脱了干系，可是他们的班主任霍恩却因此被调走了，原因是他在此次事件中没有及时组织文艺汇演的活动，而且对学生们自发排练的节目缺乏监督，这是引起所有麻烦的根源。

至于校长加布里艾尔，当年的学生们对他的看法比较全面。默克尔的高中同学霍恩在汇演那天正好缺席，所以幸运地没有卷入此次事件。他说，加布里艾尔很机智，在与魔鬼打交道时能看透魔鬼的诡计，警告不记入毕业操行评语这一点恐怕也是他的功劳，总的来说，加布里艾尔还算是一个很为学生们着想的好校长。

加布里艾尔对那件事的看法是，国家安全部对于事件的处理过于生硬，不符合教育学思想。他们根本不给学校时间，也从未想过从教育学的角度来考虑解决问题的办法。学生们的行为的确是在挑衅，但不是政治挑衅，所以当然没有必要把整个事情从政治角度上纲上线。加布里艾尔接着问道："假如没有这件事，如今默克尔又如何证明她曾反对过那个国家呢？这件事是她求之不得的命运的馈赠。"加布里艾尔还指出，那所高中的确是"干部铸造厂"，学生很难被录取，因此教师们也都觉得有义务帮助学生以优异的成绩毕业。假如在毕业考试前已经分配下来的大学名额再被取消，对学校来说也是很难堪的事。

如今，加布里艾尔因肌无力症已坐轮椅多年，他和默克尔当年的数学老师、现任歌德学校校长贝斯科一起住在滕普林一所名为"乐天"的木质房子里。这两个人，据他们自己说，虽然政治观点极为不同，但相互尊敬，可称得上是一对欢喜冤家。

虽然文艺汇演事件最终只是虚惊一场，但这一事件无疑对默克尔的人生选择造成了很大的影响，她越发反感这个缺乏必要的言论自由的国家，也越发痛恨自己那有些与众不同的身份。国家安全部想要让默克尔来当替罪羊的行为使她的内心受到了相当严重的伤害，但是在当时的情况下，她无力反抗，只有尽可能地缓解自己身上的压力，而这则是促使默克尔选择放弃继承父亲的事业而投身并不真正热爱的自然科学的又一个原因。

不是神学，但为什么是物理

虽然感觉自己因为是牧师的女儿而受到了不公平的对待，但严格来说，默克尔从未因为她的家庭背景而遇到过极其严重的麻烦。前面提到的文艺汇演事件的确是件很棘手的麻烦事，不过那毕竟是虚惊一场，而且默克尔和她的同学们也确实做了出格的事。当然，这也同样是卡斯讷夫妇无时无刻不在刻意避免与民主德国发生任何冲突的后果。

毫无疑问，默克尔是幸运的，她不仅运气不错，而且还有一对时刻保护着她的父母。现在的滕普林市长、比默克尔大 3 岁的舍恩纳希的命运就完全不同。1951 年生于牧师家庭的舍恩纳希受到的种种歧视要比默克尔严重得多。他不是少先队员，没有参加成人仪式，从没有资格参加选举，也没有资格被高中录取。

受尽了不公平对待的舍恩纳希只能选择去当兵，服完兵役以后又到新勃兰登堡州当钳工的帮工。直到成年以后，舍恩纳希才补学了高中课程，并且在1975年开始在德累斯顿学习机械制造。他1981年来到滕普林，成了瓦尔德霍夫疗养院的院长、卡斯讷一家的邻居。当然，那时候默克尔早已经不在瓦尔德霍夫住了，她当时已经从莱比锡大学的物理学专业毕业，正在民主德国科学院物理化学中心研究所做研究员。了解默克尔的人都认为，她的青年时代好像更多地受到了母亲的影响，而在政治上出道以后，就越来越像父亲了。

默克尔少年时代的形象是多面的：一方面是有天赋，学习成绩突出，能融入集体，尽可能不引起忠于党的路线的老师们的注意；另一方面总是身着西边的衣服上学，因反社会主义文艺汇演而几乎被开除。这些表面的、细微的矛盾像一条红线贯穿了默克尔的学生时代。

那么，就算默克尔不愿意学习神学，她又是出于什么样的心理而选择学物理的呢？要知道，她最喜欢的课程可是英语和俄语。在默克尔从政之后，有人曾问到她小时候的职业愿望，默克尔笑着说，她小时候做梦也没想过当政治家，倒是很愿意当老师，不过她也知道，在民主德国，牧师的女儿是永远也当不了教师的，所以她连试也没去试。她决定学自然科学，准确地说是学物理，去莱比锡上大学，因为她觉得在神学之外要数自然科学是国家监督得最松的领域。

其实，在很长一段时间里，默克尔都在考虑是否要学医，最后决定学物理使她父母也颇感意外。虽然在民主德国，很多牧师的孩子都子承父业，但她从未想过走父亲的道路。这是不是父亲的意愿呢？默克尔说，她很尊敬父母做的事情，但自己一直就想从事一种更加"世俗"的职业。1991年，默克尔曾对记者京特·高斯说过这样一段话："为了能学想学的专业，我先利用了特定的适应方式，因为从我们认识的很多牧师家庭看到，他们的孩子要想上大学，最终只能选择学神学，而我则是从一开始就打定了主意绝不学习神学。"

事实上，当时的默克尔对物理这门学科真是又爱又恨，她说："我对理论物理其实是很感兴趣的，很想弄明白爱因斯坦的相对论究竟是怎么回事，想知道制造出原子弹的罗伯特·奥本海默及其同事们都在想些什么。不过，中学的物理课是不可能讲授这些内容的。选择专业时还有一个起决定作用的因素就是我被推荐去学物理，因为我的物理成绩很好，但是假如我想学心理学的话，毫无疑问，我是肯定得不到推荐的，这不是一门'我这样的人'有资格学习的学科。"

默克尔就读的大学是德国名校莱比锡大学。莱比锡大学位于德国萨克森州的莱比锡，创立于1409年，是欧洲最古老的大学之一，也是现今德国管辖地区内历史第二悠久的大学，仅次于海德堡大学（创建于1386年），另两所曾早于莱比锡大学创建的大学——科隆大学（1388—1798年，1919年重建）和埃尔福特大学（1392—1816年，1994年重建）都曾关闭后又重开。在默克尔在此就读期间，莱比锡大学则改名为"莱比锡卡尔·马克思大学"，直到1991年两德合并之后才恢复了原来的名称。

莱比锡大学有值得骄傲的历史，大量的著名学者曾在这里执教，比如卡尔·菲利普·埃马努艾尔·巴赫以及布洛赫、海森伯格、赫茨、克洛普斯托克和莱辛。莱比锡大学的毕业生们也都是赫赫有名的，例如文学家歌德、埃利希·凯斯特讷，哲学家莱布尼茨、阿诺德·格伦，神学家和农民起义领袖托马斯·闵采尔，音乐家舒曼和瓦格纳。现在已是德国总理的安格拉·默克尔甚至不是他们当中最有名气的。

与滕普林的距离肯定是默克尔选择进入莱比锡大学的原因之一，在柏林上大学对她来说还是离家和滕普林太近了一点儿。当被问到是否有意"脱离"父母时，她的回答是："当然，每一个叛逆的女孩都梦想着脱离父母的管束，但更主要的原因是我很想离开滕普林这座小城。"莱比锡大学是默克尔十分向往的地方，因为那里每年都会召开国际学术博览会，因此在一定程度上是一座国际化的大学城，至少氛围要更加开放，这正是默克尔一直追求的生活环境。

抛开这些客观因素不谈，莱比锡大学也是所有有志于学习物理的学生的最佳选择。在莱比锡大学深造是每一个有天赋和雄心的物理系大学生的共同愿望，就像所有学习经济学的学生都将哈佛大学看作是圣地一样。莱比锡大学是名校，谁能到那里上大学，今后在自然科学上的发展就有了保障。虽然在高中的最后一年里上大学的地点和专业都已经确定，但莱比锡大学的学生指南中还是对学物理的申请者提出了如下要求：除了逻辑思维能力，还要热爱科研工作，并且要有巧妙的实验能力和钻研精神。当然，默克尔完全符合这些条件。就这样，安格拉·默克尔开始了她长达 17 年的科研生涯。

丰富的大学生活

对于默克尔来说，莱比锡大学简直就是天堂，因为那些每天给她讲课的物理学教授显然更加重视专业知识而不是马列主义，单这一点就足够令默克尔感到欣慰了。另一个让默克尔可以扬眉吐气的原因是物理学专业是莱比锡大学的王牌专业，每当她跟人谈话，看到别人得知她是学物理专业时的尊敬眼神，默克尔就有一种很棒的感觉。在这里，没有人在乎你是不是牧师的女儿。

莱比锡大学物理系的师资力量的确足够过硬。1930 年出生的理论物理学家阿明·乌尔曼被同事和学生视为天才，这位世界名人同时也是人民议院的统一社会党议员。另一位极有影响力的教授是实验物理学家阿托尔·洛舍，他是统一社会党的老党员，他的专业能力在世界范围内享有盛誉，甚至就连海森伯格和德拜的学生、实验物理学家维尔纳·霍尔茨穆勒也曾于 1952—1977 年在莱比锡大学当过教授，默克尔有幸成了他的学生。

莱比锡大学每年招收 70—80 名物理专业的新生。跟联邦德国的大学相比，这里的教学方式更严谨，对于学生的管理和考核也更严格。每两个学期，系里会组织一次考试，导师们凭借这次考试的成绩和学生们的平时表现来决定他们能否继续学习和获得奖学金。

默克尔所就读的物理专业本科学制是 4 年，可是默克尔只用了 5 年时间就读完了硕士。在这 5 年学制当中，前 2 年的课程是基础课。基础课除了物理学的专业知识之外还有默克尔最喜欢的语言培训以及她不擅长的体育和军训，当然也包括她最痛恨的社会政治基础知识，尤其是马列主义哲学、社会主义和资本主义政治经济学。学制的后 2 年是专业课阶段，第 5 年的主要任务是撰写毕业论文。

与中国的大学类似，莱比锡大学把 15—20 个学生分成一个班，这个分班不是只存在一学年，而是贯穿于学生的整个大学生涯，每个班的所有学生拥有完全一样的课程表，每个班配备一名辅导员。辅导员除了帮助新生们适应大学生活之外也负责组织青年团活动，当然更重要的是要掌握每一个学生的思想状态和心理动向。

莱比锡大学的每个大学生都是青年团员，每个系都有团的基层组织，全校有团委。上大学后，一向向往集体的默克尔决定参加青年团的工作，因为她知道青年团是大学生活的一部分。在大学生涯期间，默克尔曾经当过青年团文化委员，负责订戏票。

无论国家的意识形态怎样，基督教毕竟是欧洲人生活当中不可或缺的一部分。上了大学之后，默克尔终于可以名正言顺地参加大学生基督教会的活动，而在这些活动中，她牧师女儿的身份反而使她受益无穷，让她成为这个小圈子里相当受尊敬的人。不过，默克尔对于与宗教有关的事毕竟还是存有戒心的，当大学生牧师问她是否愿意担任"学生联系人"时，她想都不想就马上拒绝了，因为这已经成为她下意识的反应，而且她从来没有想过要改变这一点。

对莱比锡的大学生活，默克尔今天的描述是"以学习为主，基本无忧无虑的时光"。默克尔向往集体，也喜欢旅行，在写毕业论文期间，她认识了最要好的闺蜜埃里卡·洪池，她是学化学的，她们之间那种少有的深厚友谊持续至今。洪池说认识默克尔是她一生中遇到的最美好的事情之一。

如今在电视谈话节目中，默克尔很乐意谈及她当年当调酒师积累的"资本主义经验"：在大学生俱乐部有一个临时吧台，她常站在那里调制"樱桃威士忌"，这种酒很受欢迎，默克尔因此赚了不少钱。不过也有人怀疑她调的酒应该是伏特加而不是威士忌，因为在民主德国时期，伏特加供应充足，却很少能够喝到威士忌。默克尔却辩解说，她调制鸡尾酒所需的原料都是自己利用白天的课余时间乘电车到莱比锡城里买来的。

默克尔还曾经参加过校团委组织的"大学生之夏"活动。这项活动要求学生们做一些与学习原本无关的工作，比如在假期里用10—14天时间完成一项社会公益劳动。默克尔他们分到的任务之一是修整莫里茨古堡，这是坐落在莱比锡城郊紧靠大学的一座古老的、已经有一小半被掩埋在土里的防御碉堡。

当然，学生们做这项工作并不是全无好处，因为当默克尔他们将这座城堡修复完成之后，这里就成了莱比锡大学的大学生俱乐部。默克尔曾回忆说，1973—1977年间，她每年夏天都会来这里挖土，虽然当时因为工作进展很慢而感觉不到什么乐趣，但看到这座城堡现在的样子，她心里还是挺有成就感的。1993年，默克尔对《莱比锡人民报》的记者自嘲式地说："参加这样的挖掘也有有趣的地方，但总还是让人觉得这是在卖苦力。我们小组不算是特别卖力的，别的组要比我们积极得多。"

如今，莫里茨古堡的酒馆和餐馆仍是莱比锡大学的学生们周末聚会最佳场所，每个人都喜欢这里的环境。只是很少有人知道，他们的总理默克尔当年也曾在炎炎夏日中流着汗参加这里的修复工作。

教授、政治观点与毕业论文

默克尔在莱比锡大学的考试指导教授是莱因霍德·哈贝兰德。实际上，哈贝兰德并不是莱比锡大学的专职教授，他的第一职业是在科学院莱比锡分部从事科研工作，第二职业才是在莱大兼职教物理。科学院莱比锡分部所在地在第二次世界大战前和战争中曾是军火企业的场地，后来成为几百名科学家工作的地方。别看哈贝兰德在莱大只是客座教授，实际上他是联系科学院和莱比锡大学的纽带。哈贝兰德出生于一个基督教家庭，也承认这个信仰。他尽量使他的学生们不受政治影响，他的重才是出了名的。默克尔本人也承认，遇见哈贝兰德教授是她一生的幸运，教授不仅是她的学业导师，更是她的人生导师。

在大学期间，另一名对默克尔有重大影响的导师是如今在莱大信息工程系任教的拉尔夫·戴尔教授。事实上，戴尔教授只比默克尔大12岁，却是默克尔毕业论文的导师。在国家安全部看来，他是个不折不扣的麻烦制造者，不是反对这就是抗议那，总是在挖空心思跟政府过不去。戴尔教授是个学术狂、一个执著的物理学家，致力于研究理论物理与实用技术的结合之道。他的著作只能在国外出版，而他本人也被禁止去国外进行学术交流，就连写给国外同行的信，比如寄去美国，都必须经过国家安全部的审查才行。

戴尔教授至今仍很称赞当年的默克尔，说她很正直、自信，是个有主见的学生。他说默克尔不喜欢乱七八糟的生活方式，甚至在导师对学生们要求太高时会主动站出来提意见。她会计划安排生活，对事物内在关系的理解也比人们想象的要清楚得多，她知道自己在做什么，更知道自己想要什么。戴尔也常让默克尔一起参加学术以及其他问题的讨论。说到朋友圈子讨论政治问题的情形，戴尔就激动起来。他的朋友们都反对当时的制度、反对不自由，默克尔当年大概也是这样的吧，但是他们没有明确的方案，不知道应该用什么来替代。

联邦德国第一任总理阿登纳是默克尔崇拜的政治家，直到今天，她还是时常把这个名字挂在嘴边。1876 年 1 月 5 日，阿登纳生于科隆的一个天主教家庭，先后在弗赖堡、慕尼黑和波恩的大学里学习法律和政治。纳粹统治期间，阿登纳曾两度下狱。1945 年纳粹倒台之后，阿登纳当选为基督教民主联盟主席，1949 年 8 月就任总理。阿登纳反对社会主义思想，主张实现在法律统治下的个人主义，深信国家必须保证公民有独立研究学术和发展经济的最适合的机会，并使公民得到完全的法律保护。在他任职期间，联邦德国恢复了主权，重振了国力，并赢得在欧洲事务上的发言权。

不过在莱比锡大学，绝大多数对政治有自己见解的人都信不过阿登纳，对默克尔赞赏有加的戴尔教授也包括在内。默克尔在莱比锡时代的某些朋友对默克尔所走的政治道路感到惊奇。如今戴尔认为，默克尔在基民盟能有这样的地位，真是够了不起的。再说，在那些年里，谁又能够想得到德国统一真的能成为现实呢？尽管有人反对当时的社会主义制度，但很多民主德国公民不知道出路在哪里。

1948 年出生的伍尔夫特是默克尔的学长，他与默克尔以及戴尔教授一班人的关系也很密切。直到如今，只要一有人跟他谈到默克尔，他还是会激动地说："安格拉爱好文学、文化、戏剧，读的书很多，由于家庭的关系，她能得到难以得到的书。她是可以信任的。"事实上，伍尔夫特教授的政治观点比戴尔教授更加激进，他是民主德国制度的批评者，所以有一段时间他不得不离开大学，被强迫到工厂去接受劳动改造。在学校，伍尔夫特是反对派学生圈子的领导人物。可是就在他的博士论文完成前夕，他被民主德国当局逮捕，后来辗转流亡到了联邦德国，在柏林工业大学获得了他在莱比锡大学没能拿到的博士学位。

来到西德以后，伍尔夫特经常给他从前的朋友们写信，也写给好朋友默克尔。当然，那时候的默克尔已经是科学院的一名研究员了。不过对于默克尔来说，收到旧友的来信虽然是一件很开心的事，但对于像她这种身份相对敏感的人来说，却也意味着潜在的危险。于是，素来小心谨慎的默克尔通过间接途径告诉她的朋友以后不要再寄信来了，伍尔夫特接受了她的提议。对于这件事，默克尔始终心存愧疚，因此在柏林墙开放以后，她第一时间就去西柏林看望了这位老友。伍尔夫特今天对默克尔的评价是："无论是文化上还是政治上，安格拉都非常开放。我们是一路人，都对民主德国的制度持怀疑、批评的态度。"

在莱大，虽然默克尔的生活变得多姿多彩，但从根本上来说，她仍然是从前那个聪颖而勤奋的优秀生。默克尔几乎在每一门专业课上都出类拔萃，除了实验物理。当谈到在莱比锡大学的学习状况时，默克尔承认："做实验不是我的强项，焊接对我来说有些困难，我的线路板也总是有问题。"不过瑕不掩瑜，她仍然是物理系最优秀的学生，并且以优异的成绩毕业，进入了科学院。

硕士论文是默克尔在第 5 学年写的。当默克尔真诚地请求戴尔教授担任自己毕业论文指导老师的时候，他还是立刻就答应了。哈贝兰德和戴尔与默克尔一起讨论，把这份篇幅为 60 页、有无数算式的论文题目定为《密介质中的双分子基本反应对反应速率的空间联合反应》。这篇论文相当有分量，因为它一方面是在莱比锡大学物理系完成的，同时也是科学院放射研究所化学物理研究项目的一部分。哈贝兰德给这篇论文打的分数是"优秀"，默克尔很感谢他给予的指导。论文由两位指导教授和默克尔共同署名，于 1980 年发表在美国的一份专业杂志《化学物理》上。正是因为默克尔与这些有影响力的教授始终保持着良好的私人关系，再加上这篇优秀的毕业论文，她在大学毕业后直接进入科学院工作。

为准备论文，默克尔在科学院顶楼上因布满管道而略显压抑的小屋里"闭关修炼"了好几个月。在这几个月中，她几乎成了孤家寡人。这间小屋虽然环境不佳，但还是有一点儿好处的，那就是站在窗前可以看得很远，甚至可以看到莱比锡。默克尔在那些日子里经历了她日后成为一名理论物理学家所需要承受的所有历练。现在这里属于"莱比锡科学园"的环境研究中心，只有那些拿奖学金的优秀学生才有资格在这里工作，不过他们中可能很少有人知道，那位现在在全世界范围内赫赫有名的女学长曾在这里完成了她最初的学术论文。

第四章 ／ 第一次婚姻

> 平凡的女孩迎来了平凡的婚姻，平凡的婚姻拥有平凡的
> 起点和平凡的结局。唯一不平凡的也许只是这段仅仅维持
> 了4年的婚姻，让安格拉·卡斯讷变成了安格拉·默克尔吧。

跟风式的婚姻

事实上，关于默克尔的第一次婚姻，并没有太多可以叙述的东西。安格拉·卡斯讷与乌尔里希·默克尔与世界上绝大多数婚姻失败的夫妻一样，在热恋时被爱情迷住了双眼，跟风式地走进了婚姻的殿堂，直到激情冷却之后才发现他们只是在正确的时间遇见了错误的人，于是好聚好散。

在大学期间，默克尔常和后来成为她第一任丈夫的同是物理系学生的乌尔里希·默克尔一起出游。在欧洲著名大学之间的物理系学生交流项目中，他们还一起去了莫斯科和列宁格勒。默克尔和乌尔里希充分享受着爱情的甜蜜，他们一起参加聚会，一起去物理系每星期举行两次的迪

斯科舞会上跳舞，每次都玩到体力耗尽时才肯离开，甚至直到第二天上课时还感觉昏昏沉沉的。

也是在大学期间，安格拉·卡斯讷变成了安格拉·默克尔。大学没毕业就结婚，这在当时的民主德国是很正常的事，东德人结婚普遍要比西德人早，既然如此，两个人从恋人升级为夫妻也就成了顺理成章的事。甚至可以说，这是一桩跟风式的婚姻，因为他们并没有真正懂得如何去扮演好丈夫或妻子的角色。默克尔的第一任丈夫乌尔里希比她大一岁，来自弗戈兰，是工厂主的儿子，他的出身虽然看起来比默克尔好一些，但也并不是正宗的"工人阶级"。同病相怜，这也许正是两个人相互吸引的最初原因之一。

默克尔和乌尔里希于 1974 年相识并相恋，1977 年步入婚姻的殿堂。他们是在滕普林的一间教堂中举行的婚礼，仪式显得有点儿呆板。作为牧师的女儿，安格拉坚持要在教堂举行婚礼。虽然在东德，这样的婚礼显得有些"守旧"，但既然她坚持要这样做，乌尔里希也就没有反对。在婚礼上，默克尔穿的是一袭蓝颜色的婚纱，这是她最喜欢的颜色。"我们想告诉亲友们，我们在 1977 年 9 月 3 日结婚了。"两个人用一张印有这句话的卡片通知了大家。婚礼的规模并不大，头一天晚上，按照风俗，在瓦尔德霍夫举行了"闹婚之夜"，但实际上也并没有真正闹出什么响动。在婚礼当天，只有 20 几个亲朋好友到场，其中包括前面提到过的默克尔最要好的闺蜜洪池和莱大同学莱因哈德·伍尔夫特。

结婚前一年，默克尔和乌尔里希分到了一间小而简陋的公寓，虽然卫生间是和另外 3 家合用的，也没有单独的厨房，但这已足够使他们成为同龄人羡慕的对象了。要知道，如果不是乌尔里希已经毕业，而且两个人已经决定结婚，默克尔肯定还跟其他3个同学一起住在寝室里呢，而现在，小夫妻至少有了属于自己的单独房间。在这里，他们的房租是20东马克，生活靠的是每人每月190东马克的奖学金，日子虽然清苦，但还算充实。

平淡如水的结局

4年后，也就是1981年，默克尔的婚姻破裂了。这件事看似发生得很突然，乌尔里希甚至感觉有一点儿意外："有一天，她突然收拾起她的东西就搬出去了，也没跟别人商量就自己作出了决定，但是最后我们还是和平地分了手。经济上，我们两人都是独立的，也没有多少东西可以分，她拿走了洗衣机，我拿家具，其中有几件至今还保留着。"但实际上，如果两人之间的关系真的是亲密无间、相敬如宾的话，默克尔当然没有理由轻易为自己人生中的第一桩婚姻宣判死刑。

默克尔和乌尔里希正式离婚是在1982年，他们没有孩子。虽然离婚在以无神论为主导的民主德国比较容易被接受，但滕普林的牧师家庭显然对他们的大女儿如此"轻率"地结束自己的婚姻感到难以接受。不过后来，默克尔也对自己那次失败的婚姻做了反思，她说："事实上，我们之间并不合适，我们之所以结婚，是因为大家都结婚了。这在今天听起来很愚蠢，但当时我确实没有以必需的认真来对待这件事。4年后我们分了手。是我搞错了。"

默克尔并不讳言住房和工作问题也是两人当初仓促决定结婚的原因之一。"民主德国的早婚和住房紧张有关，已婚的人可以得到一些优惠政策，而且只有结了婚，两个人才有可能在同一个地方找到工作。"默克尔直率地说："我的前夫和我当然是相爱的，在恋爱的时候，我们也曾规划过共同的前程。但在民主德国就是这样，只有结了婚才有共同的住房和工作。这些事掩盖了很多问题，促使我们草率地作出了决定，这就是我现在看起来对自己的第一次婚姻无动于衷的原因。现在想来，我们当时真的不应该那么快结婚，而是应该再等一等。"

不过，现已再婚并有了一个儿子的物理学家乌尔里希·默克尔却始终对自己的第一任妻子评价积极："在那些共同相处的岁月里，我们时常一起旅行，我们两人都热爱大自然。我们还一起参加朋友聚会，一起去看电影、看话剧。我们俩都很重视和家庭的联系，所以常去看望双方的父母。毫无疑问那是一段美好的回忆。"

在这位德国现任女总理的一生中，乌尔里希就像一个匆匆的过客，他们曾真诚地相爱，但是却在错误的时间仓促地选择了跟风式的婚姻，于是这次婚姻有了一个平淡如水的失败的结局。现在看来，除了"默克尔"这个姓氏之外，乌尔里希并没有在默克尔的人生中留下更深的烙印。

第五章 ╱ 科学院，避风港

> 1978 年，两德关系的恶化让拥有西德背景并且出身于牧师家庭的默克尔的日子过得并不舒心。好在默克尔的学业足够优秀，优秀到让她可以将精英云集的科学院当作自己的避风港，让那些恼人的政治风波离自己远一点儿。

民主德国科学院

"我马上就来，你让我再在这里安安静静地站一会儿。"这是在 1998 年，离开这里 8 年之后第一次故地重游的默克尔对一位工作人员说的话。"这里"指的是默克尔在拿到硕士学位后所供职的民主德国科学院。从 1978 年到 1990 年，她在这里整整度过了 12 个寒暑，而在她说这句话的时候，这个曾经保护着她也埋葬了她的青春，并且几乎彻底毁灭了她人生理想的地方已经化为一片瓦砾了。默克尔之所以要回到这所已经被废弃并且拆毁的科学院是为了给当地的科技和经济投资做宣传，当时她的身份已经是德国的环境部长。

民主德国科学院的前身是 1701 年由伟大的科学家、哲学家莱布尼茨创建的勃兰登堡选帝侯科学院。200 多年间，莱布尼茨所创立的这家科学院始终是科研领域的前沿重镇，而民主德国科学院也在民主德国的所有科研机构中占有举足轻重的地位，足以和东德政府所着力培养的统一社会党中央的社会科学院分庭抗礼。

民主德国科学院包括 60 个研究所、2.5 万名工作人员，分布在民主德国各地，他们的主要任务是自然和技术科学的基础研究，社会科学方面的研究人员只占总数的 1/10。从已经解密的前东德统一社会党的内部文件中可以看到，党想要加强意识形态监督，尤其是在建国初期，因此这所科学院便成了"资产阶级"科学家们安身立命搞研究的避风港。

默克尔所在的物理化学研究所是 1968 年由 3 个研究所合并而成的。第一任所长是沃尔夫冈·什尔莫，第二任所长格哈特·奥尔曼的任期是从 1985 年到柏林墙倒塌前夕，而两德合并前最后几个月的清理接管工作则是由默克尔的博士生导师路茨·措里克教授负责的。这个研究所一共有 3102 名工作人员，其中有 1369 名科学家，共有 9 个分所，默克尔工作的这个分所有 643 名工作人员，其中包含 336 名科学家，是 9 个分所中最大的。默克尔所在的分所分布在鲁多大道两边的多座建筑中，除了实验室、办公室以外还有一个理发室和一个按民主德国的标准来看算是货物丰富的食品店，这就是默克尔年轻时的工作环境。

小研究员的生活

1978 年，默克尔以优异的成绩从大学毕业，她本想在高校求职。诚然，她的专业能力非常出色，但可惜的是，她还是未能达成自己的心愿，最终选择了民主德国科学院的物理化学中心研究所作为自己的栖身之地，并且在那里一干就是 12 年。

默克尔在民主德国科学院当研究员的时候，每天早上都会从家里坐轻轨列车到阿德勒斯霍夫站，然后再沿着鲁多大道步行来到自己的办公室。在回忆当年做小研究员的生活时，默克尔感慨地说："早上上班的时间是 7 点 15 分，其实这个上班时间是很不合理的，因为对我们这些做基础研究的人来说，这个时间实在是太早了，7 点 15 分，这个钟点人还没有接受能力呢！"不过话虽如此，时至今日，默克尔仍保持着早早开始工作的习惯，这让某些要采访她的记者叫苦连天，默克尔半开玩笑地说："你们要诅咒就诅咒科学院吧，我这个习惯是当年在那里做研究员的时候养成的。"

在 12 年的科研生涯中，默克尔自始至终只有一重身份，那就是一个既看不到前程，也对生活没有太多希望的无名学者。虽然默克尔在科学院获得了博士学位，但实际上她的待遇并不好，直到当上博士很久以后，她的工资才涨到 1012 马克，要知道高级鞋店里的一双鞋就要 320 马克，一件大衣要 400 马克，那点儿工资根本干不了什么，只能让默克尔不至于挨饿受冻罢了，不过好在这里的房租非常便宜。

在同事和朋友圈子里，默克尔始终是一个受尊敬的人，但却远称不上是一个领导者，当时也几乎没有人意识到这个似乎已经对生活失去了憧憬的姑娘拥有成为领导者的潜质。默克尔曾在青年团担任过一些领导职务，但她不是党员，假如没有德国统一这个千载难逢的契机，也许她至今仍然在科学院里埋头搞科研呢。

在科学院，很多人都有私人交往，遇到困难时相互帮助，1981 年默克尔和丈夫分手，要找个临时住处时就是这样。当时东柏林的住房非常紧张，她先搬到了同事杨娜·格莱尔那儿。同事们在市中心离德国剧院不远的莱因哈特街上发现了一套空着的房子，国家房管局大概是把它给忘了。默克尔的朋友们不由分说就把这套一室一厅的住宅撬开了。他们根本没去问房管局，因为他们知道，就算去问也不会有结果。"占领"了这套住宅之后，研究所里的朋友们又一起为默克尔刷房装修。帮忙的人当中有伍尔利希·哈维曼，他是不同政见者罗伯特·哈维曼的继子，他给默克尔送来了书架、矮柜和窗帘。作为回报，默克尔有时去哈维曼家帮助他照料孩子。

默克尔和她的朋友们把一切都布置好以后才去办手续。提起这件事，比默克尔年长 13 岁的哈维曼总是喜形于色，因为是他建议默克尔在房管局下班前几分钟再进去办手续的，房管局的工作人员因为急着下班，看都没看就直接把默克尔的户口批了下来。临时居所几乎设备齐全，只缺一副灶台了。为了避免别人问起老的灶台哪里去了，朋友们又想出一计：

他们偷偷把一个别人扔到街上的灶台搬回来装上，然后申请换一个新灶台。第二天，有关部门的工人们按计划来换新灶，丝毫没起疑心就把那个"冒名顶替"的旧灶拉走了。

后来，默克尔终于自己申请到一套住房。巧的是，她的新房子所在的那条街叫滕普林大街，位于柏林的普伦茨劳贝尔格区。当然，她之所以能得到那套新房子，是因为她和同事们"占领"来的那套房子要拆掉重建了。

"这里的时钟走得比别的地方慢，窗前的灌木忘记了季节，还挂着冬天的果实。"默克尔当年的同事，现任柏林歌剧院总经理的米歇尔·辛德赫尔姆在他的小说体传记《罗伯特游记》中这样形容那个埋葬了默克尔青春的地方。辛德赫尔姆对科学院的气氛描写得很不客气，他说："几个星期就足以让人看清楚这个研究所以及整个科学院的科研工作是多么的沉闷乏味。我们挤在一块大科研场地边上的小平房里，从外面看像是传达室。窗外长着黑刺李，房间总是显得很暗，城市野兔和受冷落的科学泰斗们在长满荒草的路上相遇。"

当然，默克尔并不是这本书中的主要角色，在书中化名为蕾纳特的她只是一个不折不扣的"路人甲"。"和我同一个办公室的蕾纳特是不抱幻想的年轻科学家的楷模。几年了，她慢慢地做着她的博士，只在骑上自行车去勃兰登堡漫游时她才焕发出一点儿朝气。"这就是默克尔在这本书中几乎所有的"戏份"，但却准确地概括了她做研究员时的生存状态。

只想和青年人在一起

　　直到大学毕业，默克尔都是一个有名无实的"挂名"青年团员。在科学院，青年团员的团龄可以保留到 30 岁，比别的地方时间长。对于民主德国的年轻人来说，只要入了团而且没入党，一般都会在团里待到退团年龄。

　　加入科学院之后，默克尔不再是一个普通的"挂名"团员了，成了研究所的团委成员。当然，这并不是因为默克尔忽然对参加这方面的活动产生了兴趣，这是不可能的。真相是，如果她一开始就在研究所里有很多朋友的话，她根本不会去参加青年团的活动。默克尔说："刚刚加入科学院的时候，我感觉很孤独，我和丈夫住在柏林墙附近，每天的生活都很压抑，和莱比锡的学生时代相比简直是天上地下。某一天，有人问我是否愿意参加研究所青年团的文化工作，我本想告诉他我没有兴趣，但是他告诉我说这样做至少可以和年轻人在一起、可以去看戏等等，于是我就答应了。"在青年团，默克尔只是负责订戏票和组织苏联青年作家朗读会、报告会等工作。

　　至于默克尔在所团委究竟担任的是什么职务，当年的所团委书记奥斯滕却说自己已经回忆不起来了，好像是宣传委员，又好像不是，只记得她是 4—5 人领导小组的成员，负责"学习年"活动，其中包括政治学习和马列主义思想政治教育。默克尔本人坚决否认这点，说自己从未宣传过什么，自己当时的职务是文化委员。她斩钉截铁地说："我不打算在青年团里发展，决不要进入县团委或其他类似的机构。"

默克尔到底是宣传委员还是文化委员其实并不重要，重要的是同在青年团中的那些同事最后都成了她的好朋友。他们团结友爱、互相帮助，"占领"房屋、"骗取"灶台就是最好的例子，这些朋友在默克尔与第一任丈夫分手的困境中给予了她支持和帮助，这大概也是她1991年在回答记者高斯的提问时会这样说的原因。"我很喜欢青年团，那段日子给我留下了美好的回忆。"默克尔说，"在学习小组里，年轻人还开展了很多与那个制度和意识形态无关的活动。我承认，有70%机会主义的成分在里边"。

博士不好当

默克尔在莱比锡大学获得了硕士学位，她的博士学位是在科学院考取的。科学院虽不是教学单位，但也有博士学位授予权。事实上，民主德国科学院的理论物理学方面的科研工作进展缓慢，成果不大，默克尔在做博士论文期间对此有切身体会。当年科学院的专家估计，虽然有不少享誉世界的物理学家在这里工作，但民主德国在这个领域还是比美国至少落后10—15年。

科学院所遭遇到的困难是全方位的，北约国家的封锁和制裁使其在信息和设备上都十分匮乏，尤其是在计算机技术方面，民主德国的学者哪怕是与联邦德国的同行相比都非常吃亏。科学院的计算中心只有一台"罗伯通"，是仿照 IBM 生产的计算机，这台计算机采用的是落后的孔带操作方式。可怜的科学家们计算一个数据结果往往需要等上好几天，在他们看来，这简直就是在浪费生命。

默克尔博士论文的题目是《对由断裂引起的分解反应机制的研究，以及采用量子化学和统计学方法对此分解反应的速率常数的计算》。为了完成这篇论文，她在斯巴达克式简陋的斗室中孤独地奋斗了很久。默克尔在前言中指出了这篇论文诞生的意义，她认为碳水化合物在无氧高温下的转变在目前和今后都具有重要的国民经济意义。论文的撰写是艰苦的，单是数学的计算部分就几乎让她痛不欲生，使用计算机是要排号的，而当她终于能够接近那台老掉牙的家伙时，那个老家伙还要用好几天时间才能把她所需要的数据吐出来。她的论文中有很多地方都要靠数学建模来完成，这就使得她要完成比平常多得多的计算量来不断检验数据的正确性。更令她崩溃的是，她并不总是正确的，有时候等了很久，终于从计算机上得到了数据之后，却发现那根本就是错误且毫无意义的。

在论文末尾，默克尔感谢自己的导师在选题上给予的帮助和无数建设性的指导，同时感谢博尔格尔博士、克罗茨博士给予的启发和共同讨论，最后感谢绍尔博士阅读及修改全文。对于这位约阿希姆·绍尔博士，我们不得不着重提一下，因为他后来成了默克尔的第二任丈夫。

博士论文的撰写虽然辛苦，但这毕竟是默克尔的工作和学业，更令她感到反感的是，要想取得博士学位，她还必须得交一份关于学习马列主义方面的论文，当然这样的论文写起来要比那篇学术论文容易1000倍，也许是1万倍也说不定。默克尔的思想政治论文的题目是《社会主义的生活方式是什么?》。可惜她的这篇论文远不如她的学术论文优秀，甚至还遭到了很多批评。那些审阅她论文的人批评她把农民写得太多，以致工人阶级退居到了次要的地位，这从根本上是错误的。很多研究默克尔的人都对默克尔的这篇失败的论文很感兴趣，但可惜这篇论文并不在科学院的档案当中。默克尔对此的解释是当时她打这篇论文的时候忘记加复写纸了，她说："我没有留底，要是有我马上交出来，可是谁会保留这样一篇论文呢? 至少我不会。我知道我这么一说，一定会有人怀疑我是想要遮掩些什么。让他们去怀疑好了，因为没有人能够想象在那个没有复印机的年代，在一台老掉牙的打字机上打字是什么感觉。当我察觉我忘了加复写纸的时候，我已经全部打完了，我绝不想再打一遍这篇东西，绝不，就是这样。"

获取博士学位之后，默克尔似乎已经对搞纯理论这件事彻底厌倦了，因此转到了分析化学方法研究所工作，在那里从事新技术应用方面的研究。默克尔在那里的领导克劳斯·乌布利希都对她的工作态度赞不绝口："看得出来她是能干事儿的，她很执著，有明确的目标，有自己的主见，她是我的骨干。"

远离政治，远离叛逆者的标签

在许多人看来，青年时期的默克尔专注于科学，而对政治不感兴趣。但实际上，这只是聪明的默克尔刻意表现给别人看的一面而已。实际上，默克尔对政治的兴趣可以说从孩提时就有了。还记得她在上中学时就能背出所有联邦德国内阁成员的名字这件事吗？这可不是一个只对自然科学有兴趣的年轻人所愿意做的事啊！作为神学院院长的卡斯讷先生有一个大藏书室，其中有不少当时的"禁书"，通过阅读这些书籍，默克尔的思想变得很活跃，只是她生性谨慎，从不肯轻易表现出来，这是她自我保护的手段。默克尔在大学时代的教授就曾经回忆说，在政治问题上，"她从不表达自己的意见"。

事实上，身在科学领域，轻易地表达自己的政治观点在当时也是颇犯忌讳的一件事。

默克尔几乎可以说是费尽周折保持自己"政治绝缘体"的形象。大学期间，她不时地出席大学生基督教会的活动，但是她的行为从未到让人觉得她到了反对派的程度。她拒绝在大学生基督教会担任任何职务，她在莱比锡时代的好朋友伍尔夫特被驱逐到西方后，她就再也不肯与他保持信件上的联系，因为她担心会被国家安全部怀疑自己正在与反对国家的敌对势力合作。总的来说，除了偶尔的"聪明的反抗"外，她把对政治的热情冷冻在心里，而把更大的热情投入到对原子和分子的研究之中。

无论是对于默克尔还是任何与默克尔拥有相似立场的人来说，这样的做法都是聪明的选择。

虽然刻意隐藏，但默克尔仍然在默默地关注着政治，尤其关注着东西德之间的政治态势，因为两德统一这件事是她，同时也是大部分东德人民念兹在兹的一件事。虽然民主德国不愿意承认，但大多数东德人都相信有朝一日两德终会统一，这也是不争的事实。在工作之余，默克尔阅读了大量对当时的政治体制进行批判分析的书籍，尤其被路德维希·艾哈德和他创立的社会福利市场经济理论深深地吸引。她还经常阅读英国共产党的党刊，在提高自己英语水平的同时，也提高着自己的政治判断力。而这一切，默克尔都是利用自己的业余时间默默甚至偷偷地做的。

移居，另一种出路

默克尔毫不避讳自己对民主德国的反感，也许有人会问，既然卡斯讷一家可以为了信仰由西德移居东德，那么默克尔是否曾经想过有朝一日可以移居西德呢？她在中学的时候就可以背出西德所有内阁成员的名字，她对那里自然是心向往之的。事实上，默克尔曾经正面回答过这个问题，并十分肯定地说她的确曾经考虑过移居的问题。

在默克尔的思虑之中，曾经有过3种移居的方案。一是逃离，像很多激进的反对派那样，通过私人渠道逃到西德去。默克尔曾考虑靠朋友帮助，经过匈牙利前往西德。但是，这样做实在太危险了，一旦失败就要准备坐几年牢，就算成功也会失去所有的一切，只能在西德当一个"黑户"。

二是通过合法的政治渠道提出移居申请。不过这样做则意味着事业上的毁灭，还要遭受排挤刁难和忍受多年折磨人的等待，不少成功移居的原东德人用的都是这种方法。不过，当这种方法成为一种相对稳定的移居方式之后，靠这种渠道所获取的移居名额也就成了黑市上的热销"商品"。当然，如果默克尔想走这条路，是不用花钱买名额的，她的父亲卡斯讷先生在教会当中有不少关系，肯定可以帮她搞到名额，但问题是默克尔实在下不了决心去承受那种长时间的心灵折磨，不到万不得已她是不会选择走这条路的。

三是争取到一次合法的去西部旅行的机会，然后就此留在西德不再回来。这种方式看起来很美，但实际上，东德的年轻人一般很少能有这种机会，而且只有当有关部门相信你一定会回来的时候，你的出国申请才能得到批准。

在32岁那年，默克尔竟然真的得到了一次这样的机会。当时，她申请出国的理由是在汉堡的一个表妹邀请她参加婚礼，科学院批准了她的申请。婚礼后，默克尔乘特快列车去博登湖地区，到康斯坦茨看望了一个出逃的同事，到卡尔斯鲁厄看望了一个教授。默克尔当时印象最深刻的是西德的铁路，她说："我最震撼的经历是乘坐特快列车。这轮轨技术，我的老天，这简直太棒了！只是当时我觉得这么漂亮的火车，西边的学生却穿着鞋踩在座椅上，这可不大好。"

说来有些可笑，当默克尔终于来到自己梦寐以求的地方时，她竟然产生了相当程度的不安全感。"路上有点儿紧张，我不知道在西边，妇女能不能一个人过夜，真的是很滑稽。我去过布达佩斯、莫斯科、列宁格勒、波兰。我曾经坐火车穿越了整个苏联，但是我当时真的没有把握在这里，女性是不是可以一个人在饭店过夜，如果我这样做的话会不会有危险。现在想来，这大概和我西边的侦探小说看多了有关。"默克尔自嘲式地笑谈。

在西德，虽然默克尔手里的西马克不多，但她还是遵从于自己女性天生喜欢购物的本能，享受了一次康斯坦茨的夏季大减价：用20马克买了一个旅行包，用5马克买了一件衬衫，用20马克买了一件毛衣。对默克尔来说，这就是所谓的"金色的西方"了，因为这里的东西实在是太便宜了。

无论怎样，默克尔还是回来了，回到了她父母和家庭所在的国家，回到了她的朋友中间，回到了科学院。让一个人放弃事业、家庭、亲情、朋友，不顾一切地去追逐全新的生活，无论新生活有多么美好，都会是一件很难的事情。不管默克尔没有选择移居的原因是她无法承受移居的后果，还是她对于生活在西德的憧憬敌不过萦绕在身边的种种现实，她最终都选择继续忍耐、继续蛰伏。然后，她终于等到了人生中的转折点——柏林墙倒塌了——默克尔人生中的新纪元即将开启。

生命的第二乐章

追寻

第六章 ／ 一个契机：柏林墙倒塌

> 众所周知的那道墙被推倒了，导致国家分裂的意识形态上的沟壑被填平了。在这个"改朝换代"的当口，默克尔觉得自己应该做些什么，于是加入了民主觉醒党，就此走上了从政的道路。

柏林墙不复存在

我们可以从民权人士埃佩尔曼的记述中了解到 1989 年 11 月 9 日，也就是柏林墙开墙那天的盛况。在那一天，埃佩尔曼一听到沙波夫斯基宣布开墙，就立即和他的好友青年牧师沃尔弗拉姆·胡尔泽曼驱车赶到柏林墙边，因为他们不敢相信这是真的，一定要亲眼证实一下才行。他们开着胡尔泽曼的车来到舍恩豪泽大街后，因为人流太过密集，汽车已经无法行驶了，他们只好下车跟着人流沿勃霍尔姆路朝柏林墙走去。到达边界时，埃佩尔曼发现那里已经有好几百人站在第一道栏杆前，但还没有人敢轻易越过警戒线，因为驻守在那里的士兵们都配着枪，一些人和边防军战士交谈着，尽量避免一切过激的言词，但他们很快就看出，这几十名身穿军装、对自己国家的人民趾高气扬的大兵，现在却显得有些不知所措，从前那种自以为是已经不复存在。突然之间，吊杆竖起，人流涌进了勃霍尔姆桥上的隔离带，并且很快冲过隔离带到了联邦德国境内，这就是"开墙日"那天的情景。

默克尔当时的住所就在柏林墙附近，在开墙这天，她是不是也在最早穿越柏林墙的人群当中呢？答案是否定的。那一天虽然是一个非常值得纪念的日子，但当时的默克尔却并没因为这件大事的发生而打破自己的生活规律，只是在做完计划中的事之后才和朋友们一起去穿越柏林墙。那一天，她按照原计划去洗桑拿，只是在进桑拿室前给母亲打了个电话。默克尔一家曾约定，在柏林墙倒的那一天一起去凯宾斯基饭店吃鲜蚝。于是她对母亲说，"这一天来了"，然后像往常一样进了桑拿室。默克尔在回忆自己经历的"开墙日"时说："当时我没有注意到柏林墙在那天晚上就倒塌了，18 点，我和朋友一起进的桑拿室，到 21 点也还没耽误什么，只是没有像平时似的再喝一杯啤酒而是马上就出发了。"

21 点以后，默克尔和她的朋友们经勃霍尔姆边卡踏上了西德的土地，她本想在那里找一部公用电话打给住在汉堡的姨妈，但她转眼就发现，一来她身上根本没有可用的西马克，二来这里的人太多，她实在没办法穿越人流去找电话亭。就这样，默克尔和人们一起庆祝了一会儿就回家了，她说她之所以这样匆忙赶回去是因为第二天还要上班，她要带着责任心走向统一。

默克尔的确是敬业而有责任心的，几天之后的 11 月 13 日，当人们还没从柏林墙开放的欣喜中回过味来的时候，默克尔就已经去波兰出差了。波兰人对于她的到来感到相当吃惊，因为在他们看来，每一个德国人此时都应该待在紧张有序的德国，而不是选择在这个时候出公差。他们还说，下次他们到柏林出差的时候，德国大概已经统一了。波兰同行的话让默克尔吃了一惊，她发现自己也许已经被喜悦冲昏了头脑，以至于竟然没有想到德国即将统一的事。科学院的其他同事也对波兰人的看法表示诧异。默克尔的看法是："那些离事件距离较远的人看得比我们清楚。"假如说这是没有远见的话，请不要忘记，许多西德人那时也只把统一视为一件遥远未来的事，怪只怪事情发生得实在是太突然了。

最重要的决定

接下来发生的所有事都证明两德统一已是大势所趋。长期隐藏在默克尔体内的政治热情开始萌动，她不会再因为自己是牧师的女儿而受到区别对待，也不再需要刻意隐藏自己的政治观点了。默克尔决定参加当时非常活跃的政治运动，但对于具体应该参加哪个政党，她并不清楚。

在那个将东德原有的一切都打破重建的时间节点上，政治和政党成了最新的流行话题，无数人把自己最大的热情倾注在建立新的政党、实现自己的政治理想上。面对各种各样如雨后春笋一般纷纷建立起来的新政党，默克尔几乎看花了眼，她实在不知道自己该何去何从，于是她和在科学院的上司乌布利希一起像找工作一样去找各种党派和组织。

最初，默克尔和乌布利希两人都比较看好社民党。社民党原是西德的一支重要的政治力量，而东德地区的社民党则是在柏林墙开放后由西部社民党扶植建立起来的。"我们俩都对社民党感兴趣，因为它有个纲领。"乌布利希这样回忆道。他俩一起参加了社民党于1989年12月14日在特雷普陀区皈依教堂举行的一次会议，并排坐着旁听，乌布利希马上就加入了，默克尔却无法马上做决定，她还需要时间。

几天后，默克尔问她的头儿："我去'民主觉醒'那里怎么样？"乌布利希觉得默克尔这样问像是在解释她为什么没有加入社民党。乌布利希当然不会因此而责怪默克尔，他谈到了多元化和各党之间的竞争，说他会理解她的决定。在几年后的一次采访中，默克尔谈到了对自己参加过的那次社民党会议的看法："那里的一切似乎都已经很完美了，西部的一个基层支部帮助把一切都组织好了，大家相互称'你'，高唱'弟兄们，向着太阳，向着自由'。这看起来很吸引人，但却并不是我想要的东西。"

默克尔在经过权衡之后终于作出了自己的选择，在12月加入了民主觉醒党。默克尔说："我不知道为什么喜欢这个组织，我有一种感觉，在这里可以有所作为。"这一年默克尔35岁，如她自己所说，柏林墙的轰然倒塌唤醒了她内心深处的政治意识，从此她走上了从政之路。

觉醒与热情

虽然民主觉醒党早已经并入了基民盟，但当我们回过头来去了解民主觉醒党成立的历史时，却不能不对那些政党最初的创立者、那些在民主德国政府和国家安全部严密控制的社会里办成这件事的人肃然起敬，他们的政治意志被唤醒得更早，他们更早地预料到了变革的到来，他们是真正的"民主觉醒者"。

在统一社会党和他们所领导的民主德国政府崩溃前夕的那段最黑暗的日子里，尽管受到重重阻挠，这些民主觉醒党的先驱者们还是建立了很多个民主觉醒小组。1989 年 10 月 1 日这一天，来自全国各地的大约80 名代表齐聚一堂，准备在柏林的萨马利特教堂召开民主觉醒党的成立大会。然而这次大会并没有开成，因为大批警察封锁了会场，但民主觉醒党还是成立了，牧师诺伊伯特家聚集了 17 名党员，在牧师潘科起草了一份成立"民主觉醒党"的号召书后，这个政党就此走上了历史的舞台。

当然，成立政党并不是一件容易的事，这些民主觉醒党的先驱者其实只是一群因为拥有共同的理想而聚集在一起的志同道合的人。所以，直到政党成立几个月之后，他们还是没有明确的政治纲领和政治路线，有时甚至还会自相矛盾。1989 年 12 月 17 日，民主觉醒党在莱比锡召开了第一届党代会，这是东德地区第一个召开代表大会并正式宣布建党的反对派组织。

就在民主觉醒党在莱比锡的首届党代会召开之后，默克尔加入了这个年轻的政党。当年"民主觉醒"的积极分子、如今柏林议会基民盟议员阿佩尔特说，在那些日子里，"大声宣布一下"就算入党了。那是一个真正的可以把自己对政治的理想和观点大声吼出来的时代。事实上，在默克尔入党时，民主觉醒党虽然已经在东德地区颇具影响力，但还是未能解决没有明确政治主张的问题。关于默克尔为什么选择民主觉醒党，她自己给出的说法是："我不知道为什么喜欢这个组织，我有一种感觉，在这里可以有所作为。"

阿佩尔特是民主觉醒党最早的党员之一，他还能回忆起默克尔来到普伦茨劳贝尔格基层小组，问能否旁听他们会议时的情景。他们那个小组开会的地方叫"人民团结厅"，默克尔是一个人来的，阿佩尔特试着动员她加入自己的组织，默克尔犹豫了一下，但最终还是点头答应了，她说自己有时间，可以做点儿事情。当时"民主觉醒"还没有自己的报纸和其他可供使用的媒体，默克尔加入之后，阿佩尔特分配给她的工作是撰写传单，默克尔需要在家里拟好稿子，然后带到办公室打印并由另外的成员带出去散发。默克尔还记得自己写的第一份传单是发给柏林出租车司机的，因为他们意识到出租车司机是重要的消息传播者。

谈起默克尔在民主觉醒党时的工作热情，民主觉醒党早期党员、后来成为《勃兰登堡—奥德报》发行人的克劳斯·德杰至今仍赞不绝口："在办公地不可避免的混乱当中，她是个少不了的人，走投无路时她总有办法，不起眼，但友善和蔼，默克尔就是这样一个令人尊敬的人。"穿着随便、不赶时髦，在那些日子里总是身着一条咖啡色灯芯绒裤子的默克尔给人的印象还像个大学生。在参与工作的最初几个月里，她只是个普通的工作人员，没有特别的表现和观点，当然人们对于这位刚刚加入不久的年轻女士也没有过高的要求和期许。至于民主觉醒党内部的派别斗争，默克尔也没有介入的兴趣，在最初几个月里毫无根基和影响力的她只是在系统地、一步一步地建立和巩固着自己在党内的地位。她最初只是一个最普通的工作人员，但是通过在总部仔细认真地工作，她成了那里缺不了的人，然后慢慢进入一个事实上的发言人角色，最后成为理事会成员。

加入民主觉醒党是默克尔第一个自主作出的政治决定。没有人知道默克尔在做这个决定之前是否同父母，尤其是父亲讨论过，她自己也对此事闭口不谈。很多人信誓旦旦地说，民主觉醒党的亲基民盟倾向是默克尔当时决定加入这个组织的重要原因。但实际上这种说法并不正确，因为在她入党时，民主觉醒党的方向还不明确，如果她真的对基民盟有意，为什么又要舍近求远呢？事实上在默克尔看来，民主觉醒党是一个聚集了一批有头脑、有感召力的知识分子的政治组织，假如像乌布利希那样加入东部社民党或其他有根基的政党，就会难以避免地陷入某些政治斗争和政治漩涡之中，而参加"民主觉醒"就不存在这个问题，这才是默克尔加入民主觉醒党的初衷。默克尔是一个拥有纯粹政治理想的人，她想要在政治上有所作为而不是在政治斗争上有所作为，仅此而已。

"在'民主觉醒'那里至少还有一点儿我对未来所设想的东西，那里聚集了不少知识分子，也有事情可做，比如我把西边来的电脑拆箱、安装起来。我在那儿认识了不少有意思的人，听过一些课。当时公开进行的理事会会议我也去旁听过。"这是默克尔本人所说的话。

第七章 ／ 个人的成功，政党的失败

> 1990 年 4 月，在民主德国的最后一个，也是唯一一个通过民主选举诞生的议会和政府中，"政坛新人"安格拉·默克尔被任命为新的德梅齐埃政府的副发言人，可谓春风得意。与此形成鲜明对比的是，默克尔所在的民主觉醒党仅仅获得了 4 个席位，连进入议会的资格都没有，可谓大败亏输。

真正民主的竞选

民主德国要搞竞选了，这是民主德国历史上唯一一次真正民主的选举活动。实际上，这并不是一件出乎大多数人预料之外的事。虽然在柏林墙开放、统一社会党烟消云散之后，每一个德国人都知道两德合一只是时间问题，但从法理上来说，民主德国仍然是一个独立的主权国家，直到两德合并的"手续齐全"之前都是。

既然有国家，就一定要有一个政府，既然原来的政府失去了执政能力，就一定要组建一个新的政府，哪怕是临时性的看守政府也行，因为长期处于无政府状态的国家是极其危险的，人民的生命财产安全也得不到保障。

西方的政党要想对国家的政策和前途造成影响就只有通过选举，政党的影响力越大，政党所宣扬的执政理念越得人心，就可以得到更多的选票，进而在议会中分到更多的席位以及获得更大的发言权。民主觉醒党虽然只是一个新兴的政党，但包括默克尔在内的党员们自然也希望自己的政党能够在这次民主选举后在国家议会中占有一席之地。

默克尔通过自己的努力，已经在 1990 年 1 月被任命为民主觉醒党的政治发言人。1990 年 2 月，为了全身心地投入到竞选的准备工作当中去，默克尔在科学院请了长假，不再上班。然而，虽然默克尔等人的工作热情极高，但几乎所有的民主觉醒党党员都缺乏参加竞选的经验，他们是一群理想主义者，但在谈到如何应对政党与政党之间的激烈竞争时，他们就毫无头绪了。

事实上，在准备竞选的这段时间里，民主觉醒党在与西部政党合作的问题上始终迟疑不决，他们并不是不知道与西部那些成熟的政党合作所能带来的好处。相对于那些成熟的政党，当时的民主觉醒党只不过是一群乌合之众，他们没有群众基础、明确的纲领、稳定的经费以及宣传自己的手段，他们所拥有的只有理想与热情，所能做的只是开会与发传单，这样的竞选准备方式实在是太低级了，与西部政党合作则可以让他们很快走出这种尴尬的境地。

既然有这么多的好处，为什么还要犹豫不决？原因是这样的：一方面，民主觉醒党自认为是土生土长的、代表东德人利益的政党，与西部政党合作在他们看来是对这一初衷的背叛；另一方面，在革命和动荡的岁月里，"民主觉醒"的领导人过高估计了党在 1990 年 3 月 18 日人民议院选举中获胜的可能。有些对选举前景持乐观态度的人估算民主觉醒党可以得到 20% 的选票，在他们的眼里，就连党主席施奴尔可能当总理的说法也并不完全是无稽之谈，因此盲目自信和乐观的民主觉醒党并没有利用和另外两个党（东部基民盟和在萨克森州拥有巨大号召力的德国社会同盟）的共同候选人名单，这样一来，民主觉醒党虽然也是由基民盟主席科尔亲自组织建立起来的"为了德国竞选同盟"的一员，但还是决定以独立的候选人名单参选。

民主觉醒党不愿意加入共同候选人名单的另一个原因是，在他们看来，东部基民盟是他们所深恶痛绝的统一社会党的结盟党，而且一旦加入，民主觉醒党就得跟东部基民盟签订一个固定的席位分配协议，这个协议会保证"民主觉醒"在人民议院得到事先商定的席位。民主觉醒党是由一群骄傲的追求理想的人组成的，这样的合作在他们的眼里等同于妥协，跟东部基民盟"同流合污"，他们当然不会愿意。

但民主觉醒党人没有看到的一个事实是，大多数民主德国人民想要把票投给肯积极推进统一的党，而东部基民盟当时也已经被视为这样的一个党了。他们错过了一个扩大自己的影响力，并且可以在未来的议会中占据更多席位的绝佳机会，这也为民主觉醒党在选举日的惨败埋下了伏笔。

选举日，大溃败

就在选举正式进行的前几天，意外出现了，民主觉醒党主席施奴尔被揭露为前国家安全部的非正式工作人员，消息就像一颗重磅炸弹震惊了所有人。

事情的起因是这样的，原本无处不在的国家安全部虽然失去了存在的意义，但国家安全部的人手中所掌握的秘密却并未因此而消失，于是罗斯托克的两名前国家安全部成员以 10 万马克的高价把施奴尔曾为国家安全部工作的有关档案材料卖给了《图片报》的资深记者彼得·布林克曼。好在《图片报》当时的副主编、后成为新闻电视台首席执行官的卡尔·海因茨·库洛是施奴尔的新闻顾问，他竟成功地说服《图片报》主编相信那些材料不说明什么，因此《图片报》并未披露这一独家新闻。但是，纸毕竟是包不住火的。《明镜》周刊抓住了这一被《图片报》错过的新闻点，将这件事彻底捅了出来。那些材料非常详尽，施奴尔无可辩驳，只得承认了自己曾经与国家安全部合作的事实。

消息披露后，默克尔主持召开了新闻发布会。在会上，民主觉醒党理事会对此事表示震惊，施奴尔宣布退出总理选举，并辞去民主觉醒党主席的职务。这一重大丑闻使得民主觉醒党在民众心目中的形象一落千丈，为了不与前政府扯上关系甚至拒绝与东部基民盟合作的他们竟然以这样一种方式落到了他们最不愿看到的境地当中，真是令人啼笑皆非，至今有些人还能回忆起默克尔在那次新闻发布会上六神无主的样子。

就这样，民主觉醒党企图在选举中获得更大政治影响的梦想变成了一个脆弱的肥皂泡，并且在选举日那天被无情的事实戳得粉碎。在3月18日的选举中，民主觉醒党只获得了0.92%的选票，这个年轻的、由一群理想主义者建立的政党在第一个，也是最后一个自由选举的民主德国议会中获得了4个席位。在选举结果公布的时候，默克尔一定以为她很快就得重新回到科学院当她的科学家去了，假如真是那样，那她今天所说的"一旦出现民主制度，就放弃原来的职业从政"的理想也就无从实现了。

选举结果是这样的：洛塔尔·德梅齐埃当选为民主德国总理，基民盟获得了40.8%的选票（163个席位）；德国社会同盟获得了6.3%的选票（25个席位）；社民党只获得了21.9%的选票（88个席位）；统一社会党的后续党——民主社会主义党获得16.4%的选票（66个席位）……

幸运的是，默克尔本人的政治前途并没有随着民主觉醒党在选举日的大溃败而终结。在这次选举中，"为了德国竞选同盟"在选举中获得的意外成功导致了默克尔在政治领域的第一次升迁。在组阁过程中，默克尔没有受"民主觉醒"得票率低的影响而被任命为政府副发言人。没有人能忽视默克尔为民主觉醒党所做的一切，在她的政党遭受失败的同时，她个人却幸运地获得了成功。

副发言人

很多人都说，当选民主德国总理的洛塔尔·德梅齐埃是被迫成为这个行将走到终点的国家的领导者的。德梅齐埃是一个感情细腻的中提琴手，同时也是一个相当不错的职业律师，但就算他当上了民主德国总理，也还是没有人说他是个卓越的政治家，哪怕他在当上总理之前就已经是东部基民盟的主席了。在人们看来，这位东部基民盟主席与对面的西部基民盟主席科尔比起来简直有着天壤之别：一个是人高马大、掌权经验丰富、信仰天主教的法尔茨人；另一个是柔弱瘦小的律师、胡格诺家庭出身的基督徒。但无论别人怎么说，德梅齐埃还是在他有限的任期内有尊严地代表了民主德国，成为民主德国利益的维护者。

选举之后紧接着就是组阁。遭遇惨败的民主觉醒党唯一一个进入内阁的人是埃佩尔曼，就是那个急匆匆地驾车赶着去见证柏林墙开墙的人，他的职务是裁军与国防部长。

那么，默克尔究竟是怎么当上政府副发言人的呢？要知道，初涉政坛的她并不是一个拥有很大政治影响力的人，又是谁推荐她担任这一职务的呢？有人推测，是她的父亲卡斯讷先生通过教会内的关系跟德梅齐埃打了招呼，为女儿说了好话。但实际上，更可信的是另一种复杂得多的说法。

据德梅齐埃说，最早向他推荐默克尔的人是埃佩尔曼。埃佩尔曼找到他，对他说有个很好的发言人还没有着落，指的就是安格拉·默克尔。默克尔在德梅齐埃的耳中也并不是一个陌生的名字，他早就从滕普林的一个熟人那里听说过默克尔，知道她是一个"较左的牧师"的女儿，于是新任总理便委托来自西德的新闻顾问汉斯·克里斯蒂安·马斯去见默克尔，跟她谈谈。与此同时，在组阁的过程中，德梅齐埃听从了他的政府发言人格勒的劝告，不准备把副发言人的位子留给基民盟的主要竞争对手社民党，因此在组阁谈判中，他正好可以提出只得到一个部长职位的民主觉醒党应该再获得一个重要的位置，而且得由一位女士来担任。没有人反对这个提议，因为所有人都知道民主觉醒党已经完了，再给他们一个位置也不会对自己构成威胁。就这样，默克尔得到了政府副发言人的职位，幸运地进入了民主德国的核心位置。

1990年4月9日，默克尔在给她的顶头上司、政府发言人格勒的一封信中写道："尊敬的格勒先生，经过考虑及征求主席的意见，我很高兴并怀着感激的心情接受政府副发言人的职务。"这里所说的主席指的是接任施奴尔出任民主觉醒党主席的埃佩尔曼，他是个默克尔真正应该感激的人，如果不是这个人的推荐，她不可能获得这个副发言人的职位，更不可能取得今天的成就。实际上，每一位伟人的成功之路上都有一些曾经给过他们关键性帮助的贵人，默克尔的贵人正是埃佩尔曼。

虽然由于德梅齐埃的推荐，默克尔得到了一个很不错的职位，但实际上她并不是这个民主德国新总理的亲信。在新政府当中，默克尔所拿到的实际上只是那些大党派瓜分权利蛋糕所遗留下来的碎屑而已。无论是基民盟还是社民党，抑或是自民党、德国社会同盟，他们都不会把默克尔引为自己人。从某种程度上来说，默克尔是被孤立的，但这并不是一件坏事，因为这使得她可以在各个派系钩心斗角的权利争夺中置身事外，只需要做好自己的本职工作就可以了。

默克尔的确做得很好，德梅齐埃高度评价了他的副发言人："谁应该在媒体中占多少位置，默克尔都能够把握得很准确，她预先就提出如何把复杂的政治决策过程传达给公众的问题，实际上也等于提出了行动建议。她虽然是牧师的女儿，却并没有给人特别虔诚的印象，更像个大学生，而且她很有幽默感。"《世界报》前驻民主德国记者德特勒夫·阿勒斯的赞美则更加直接，他在回顾默克尔在民主德国最后几个月的工作时写道："作为发言人，默克尔是东柏林最好的消息来源。面对媒体，她有问必答，虽然她的声音不高，但回答问题极其准确并且重点突出。她聪慧、可靠，民主德国政府能及时全面地向西方媒体通报情况都是她的功劳。"

默克尔在担任政府副发言人时最大的收获是时常可以得到陪同德梅齐埃出访的机会，这要得益于格勒的帮助，他总是"出于同事间的合作与帮助"，有意把一些能出名、有影响的访问让给了默克尔，默克尔也因此迅速扩大了自己的知名度。在出访的过程中，默克尔得以时刻陪伴在德梅齐埃总理身边，她非常喜欢这样的工作，因为旅行本身就是默克尔的最爱，所以尽管出访时的工作相当繁重，但她仍然觉得这样的工作是种特殊的享受。

历史的见证者

在这个风云际会的时代得到了民主德国临时政府副发言人的职位，这对于默克尔的意义绝不仅仅是帮她开拓了更为广阔的政治前景，同时也使得她有机会成为一系列重大历史事件的见证者。

命中注定默克尔为最后一届民主德国政府工作的时间不会太长，这届政府本来是准备干几年的。1990年4月18日民主德国部长会议第一次开会时，最乐观的人都料想不到，仅仅在5个半月之后的10月3日，他们就能庆祝德国的统一了。事实上，在几个月前有人甚至还考虑设立民主德国总统一职，人选是当时的无党派人士、教会法学家施托尔帕，希望以此延续并保证国家的稳定，但事情的进展速度超越了所有人的预料。

1990年4月25日，就在民主德国的新政府成立后不久，两德之间就已经开始进行有关经济与货币联盟的正式会谈了。联邦德国代表团由德意志银行副行长汉斯·蒂德迈尔率领，民主德国的首席代表则是在后来的两德谈判中起了关键作用的京特·克劳泽，双方在经过多轮谈判之后达成了一致。1990年5月18日，双方派两德财长台奥多·魏格尔和瓦尔特·隆姆贝尔格在联邦德国重镇，同时也是联邦德国基民盟大本营所在地的波恩签署了两德之间关于建立经济、货币和社会联盟的国家条约。随着西马克的引入，民主德国不仅交掉了财政货币主权，而且失去了内政主权。默克尔在现场亲历了这一使得两德合并取得突破性进展的历史事件，她的任务是负责德梅齐埃和克劳泽的新闻工作。对于默克尔日后的进一步升迁来说，这是重要的一站。

2个月后的1990年7月26日，联邦议院和人民议院德国统一委员会共同会议作出决议，于1990年12月2日举行第一次全德大选。经过艰苦的谈判，朔伊布勒和克劳泽于8月31日凌晨2点零8分在波恩完成了统一条约的文本，当天上午两个政府批准了这一条约，接着双方谈判代表——克劳泽和朔伊布勒在这份有45项条款、长达1000页的条约上签了字。这次会议使得两德合并拥有了坚实的法律依据，令人羡慕的是，安格拉·默克尔当时也在场。

默克尔曾经跟随德梅齐埃总理多次出访，但她参与过的最重要的一次出访活动是去莫斯科参加第二次世界大战4个战胜国外加两德外长的共同会议，德梅齐埃在担任总理的同时还兼任外交部长。在这次莫斯科之行中，从小就学得很好的俄语让默克尔受益良多。为了使德梅齐埃了解苏联老百姓对德国统一的看法，默克尔在莫斯科的地铁上做了询问调查，并将调查结果汇报给了德梅齐埃。正是这次"2+4"莫斯科会议扫清了德国统一之路上的最后障碍，而默克尔也有幸成为能够决定所有德国人命运的重大历史事件的见证人。

那次在莫斯科，精明强干的默克尔还给不少东德记者行了方便，让他们也成了历史见证者中的一员。记者莱特豪泽还清晰地记得默克尔当时对他们的照顾。会谈前一天晚上，默克尔跟他们一起去一家格鲁吉亚餐馆吃饭，他们之间的关系非常融洽。由于民主德国代表团人数少，记者也只有屈指可数的几个，所以默克尔把记者也算作代表团成员。这么一来，与西德的同行们相比，他们就有了优势，可以直接进入会议厅，成为历史事件的见证人。

第八章 ／ 民主觉醒党变成了基民盟

> 在大选中惨败之后，未满周岁的民主觉醒党虽然名义上还未解散，但活动却已基本停止。在经历了柏林墙倒塌所带来的短暂混乱期之后，东德的政治秩序逐渐开始建立，很多建立不久的小党派被基民盟等大党合并，安格拉·默克尔所在的民主觉醒党也在此列。

民主觉醒党的消亡

选举日的大溃败让除埃佩尔曼和默克尔在内的很多民主觉醒党的骨干成员心灰意冷，他们为了这个自己亲手建立起来的政党，为了自己的政治理想付出了无数的心血与汗水，到头来却一无所获。埃佩尔曼在4月22日民主觉醒党的什未林党代会上正式成了施奴尔的继任者，但是他同时还是新政府的裁军与国防部长。幸运的他真正得到了实现自己理想的机会，按他自己的话来说，他正在试图"把这个世界上每平方米驻扎武器最多的国家变成一个和平的地方"。埃佩尔曼很忙，无暇顾及党内事务，默克尔也是如此。也是在同一届党代会上，她以 118 票的最高票当选为理事会成员。

但是，由于担任了政府副发言人，她整日跟随德梅齐埃总理在各个国家间飞来飞去，当然也就无法完成党内的工作了，因此在德梅齐埃政府上任之后，民主觉醒党虽然名义上继续存在，但群龙无首的他们已经失去了政治动力和政治基础，并且停止了绝大多数活动。不过，千万不要小看默克尔进入民主觉醒理事会这件事，因为这一事件对于其后来在德国政坛的发展至关重要。

虽然民主觉醒党的政治前景已经彻底终结了，但还是有人对他们感兴趣，比如基民盟。基民盟的全称是基督教民主联盟，是德国最成功的政党之一，当时分为东部基民盟与西部基民盟两部分。东部基民盟在民主德国境内活动，并且在新政府中占据了最多的内阁席位，但无论如何，在两德正式合并之后，这两部分都是要合而为一的。

在 1990 年 6 月 30 日的民主觉醒党理事与主要委员会会议上，理事会成员们将与基民盟合并这个议题摆到了桌面上。虽然仅仅在 3 个月之前，民主觉醒党的核心成员们对这个提议还是根本不屑一顾，但是事过境迁，经历了梦想的破灭与现实的残酷打击的他们已经不再坚持这个他们之前绝不肯妥协的原则了。既然这个政党已经不再有前途，那么就算是与基民盟合并了又如何？至少对于他们个人的政治前途而言，这是一个不错的提议。

于是，在经历了 8 个月的短暂历史之后，1990 年 8 月 4 日民主觉醒党在东柏林召开了特别党代会。在会上，大多数代表同意政党与东部基民盟合并，并在两德正式统一之后跟随东部基民盟与西部基民盟合并为一个统一的基民盟。根据民主觉醒党与基民盟之间的谈判结果，在合并之后，民主觉醒党的成员们将在基民盟内建立一个"民主觉醒工作小组"，作为民主觉醒党继续存在的形式。此外，会议还宣布，在合并后，基民盟会让民主觉醒党的核心领导成员进入基民盟党理事会和州与联邦议会议员候选人名单。

这一条款对默克尔最为有利，在 8 月 10 日，她成功地使自己成为将于 10 月 1 日和 2 日在汉堡举行的全德基民盟联合党代会上的 3 个代表候选人之一。在那次党代会上，她通过一个简短而巧妙的发言引起了大家的注意，她自我介绍为"民主觉醒"的新闻发言人和德梅齐埃的部下，感谢联邦基民盟给予"民主觉醒"的大力帮助。如果默克尔未曾在 4 月 22 日成为民主觉醒党理事会成员的话，那么在与基民盟合并之后，她就只是基民盟内的一个普通党员，但现在她已经是民主觉醒党核心领导层中的一员了，所以在合并之后，她也因此拥有了同等的地位。基民盟所拥有的政治资本要远比民主觉醒党多得多，这也就是我们之前说到默克尔因进入民主觉醒党理事会而对其后来在德国政坛的发展有着至关重要影响的原因。

但可惜的是，默克尔虽然成功地当上了全德基民盟党代会代表，但她想得到提名而进入基民盟联邦理事会的努力却没有成功，虽然在从政的这几个月中她已经表现出了相当强的政治才能，但她毕竟还是资历太浅、太年轻了。西方国家的政坛实际上就是一个比拼谁得到的支持更多的地方。在这个领域，资历是与能力同等重要的决定性因素，要让更多的人认识、了解、支持你，就需要足够时间上的积累才行。

从民主觉醒党 8 月 31 日主要委员会最后一次会议记录来看，有 7 个人对提名感兴趣，默克尔是其中之一。现在看来，默克尔当时对于自己影响力的估计有点儿过高了，她积极地发出信号，表示有信心承担基民盟联邦级的工作，可是在这次投票中，她遭遇了如同民主觉醒党在民主德国大选中那样的惨痛失败。在第一轮投票中，她只得到 3 票，是所有人当中最少的。经过 3 轮投票，最后是萨克森的汉斯·盖斯勒战胜埃佩尔曼胜出。在 10 月份的联合党代会上，汉斯·盖斯勒也真的当选为基民盟联邦理事会成员，这件事让默克尔真正认识到自己究竟处在一个怎样的位置，她从从政到现在一路上走得太顺了，顺利得让她有些飘飘然的感觉了，而这次失败则让她回归到现实当中，她现在知道了，在这个领域急于求成是决不会有好结果的。

也是在 10 月份的联合党代会胜利闭幕之后，民主觉醒党联邦干事长克劳斯·博克关闭了位于弗里德里希大街 165 号的民主觉醒总部办公室。这个曾经欣欣向荣的政党在此时正式成为了一个历史名词。

"扶持者" 克劳泽

如果没有埃佩尔曼的帮助，默克尔的政治生涯有 80% 的可能已经在选举日那天终结了，但是埃佩尔曼帮助她成为了临时政府的副发言人，不仅为她谋到了一个职位，而且给她提供了一个展示自己才能的机会，最重要的是，使得她认识了她的第二位"扶持者"——京特·克劳泽。

我们都知道，默克尔是一个走一步看三步、习惯于谋定而后动的人。事实上，在她还是民主德国临时政府的副发言人的时候，就已经在考虑统一后自己的职业走向了，因为她深知，两德合并之后，并不是所有人都能在新的联邦政府得到职位，既然选择了从政这条路，就不应该这样草草收场。1990 年 10 月 3 日，这是两德政府正式合并的日子，从这一天开始民主德国将不复存在，默克尔也就不再是政府副发言人了。但是跟其他很多人相反，她不必担心失业，因为她已经在联邦新闻局得到了一个副处长的位子。帮她得到这个职位的正是她的第二任"扶持者"——京特·克劳泽。

在默克尔担任政府副发言人的这段时间里，两德政府就合并问题展开了多次磋商，京特·克劳泽是民主德国临时政府的国务秘书，是两德谈判中的重要人物，默克尔所负责的则是新闻发布工作。

克劳泽于 1953 年出生于哈勒，大学期间主修建筑工程学和信息学专业，1984 年获得博士学位，1987 年在维斯玛工业大学完成教授论文。由于办事干练果断，克劳泽被看作来自民主德国的政治天才，同时他还是个出色的钢琴家和管风琴家。两德合并之后，克劳泽得到了一个联邦部长的职务。加上他，10 月 3 日以后联邦政府共增加了 5 名来自前民主德国的部长，其他 4 位分别是前总理德梅齐埃和前任民议院议长贝格曼·波尔（两人都属基民盟），以及赖纳·奥特莱普（自民党）和德国社会同盟的瓦尔特。到 1990 年 12 月 2 日第一次全德大选后产生新的联邦政府为止，他们负责代表前民主德国的利益。

可惜的是，克劳泽是德国政坛当中一个典型的悲剧式人物。《星期日法兰克福汇报》曾经写道："没有人像他这样升得这么高，跌得这么惨。"联邦总理科尔曾在一封给民主德国总理德梅齐埃的信中答应过，大选后由克劳泽领导设在柏林、负责东部新州的建设部。但事实上，这样一个横插进来的部与统一后联邦政府的结构根本配合不起来，所以克劳泽最后所获得的职位是交通部长，因为在高速公路上的大量投资正好是东部经济结构政策的一个良好工具。

京特·克劳泽这位冉冉升起的政坛新星于1993年5月由于雇保姆和搬家漏税的丑闻而辞去了部长职务，从此告别政坛，不过不可否认的是，在此之前他对于默克尔的帮助是巨大的。

在与默克尔共事的那段时间里，京特·克劳泽对于这个来自科学院的"小姑娘"的工作颇为满意。在两德合并之后加入联邦政府的时候，克劳泽带来了一支由纯粹的民主德国人组成的工作组，默克尔就是其中的一员，她的那个在新闻局的副处长职位就是克劳泽任命的。很显然，克劳泽想让她在新政府里继续为他从事新闻工作。

不过，仅仅做新闻这种"非政治性"工作并不是默克尔的长远目标，于是她利用在新闻局的这段时间积极筹备自己的联邦议员竞选活动，她想做的是一个真正的政治家，而不是一个播音员或记者。

临时联邦政府组建2个月后，也就是1990年12月2日，两德合并后的第一次大选举行。默克尔是在身为政府官员、在有保障的情况下来竞选联邦议员的。虽然她已经打定主意想当联邦议员，但她还是在大选前一天的星期五，她的最后一个工作日特地到波恩找联邦新闻局的领导签订书面协定以保证她的工作岗位。虽然她已稳稳地在基民盟梅前州的直选名单上了，但她还是要为自己留一条后路，她需要做到万无一失。

"牺牲品"策姆克

搭上京特·克劳泽这条船，默克尔绝对是做了一个极其明智的选择。克劳泽既是联邦部长，又是基民盟前州主席。默克尔很早就看出，克劳泽将在科尔领导的统一后的德国政府内拥有重要地位，因为他是代表前民主德国人民利益的最好人选之一。所以，就在打定主意竞选议员之后，默克尔在第一时间找到了克劳泽，请他帮助自己实现统一后的职业过渡。而最后的事实也证明，默克尔最终得以成功进入联邦议院，克劳泽出力很多。

政治就像是一场淘汰赛，在每一个政治家成功的背后，都会有一个或几个政治家的失败作为背景。为默克尔的这次成功做背景的人叫策姆克，她是默克尔政治生涯中的第一个牺牲品。

要想竞选议员，就需要为自己找一个选区。在寻找选区的时候，默克尔和克劳泽不约而同地看中了施特拉尔松—吕根地区。在确定了选区之后，默克尔就将面临接下来的挑战——这个选区里已经有了两个来自西德的候选人，一个名叫劳斯·赫尔曼，另一个就是策姆克。

可是，为什么本属于民主德国的施特拉尔松—吕根地区原有的两个候选人却都是西德人呢？那是因为在新联邦州提名联邦议会候选人的时候，大家都还缺乏实行民主的经验。变革时代的另一个说法是混乱时代，所以柏林墙倒塌带来的一系列突如其来的变革导致东德地区在短时间内突然需要大量人员参与各种政党的理事会、地方政府、市长或州议员的竞选，默克尔的选区亦是如此。这件事说来简直有些滑稽，在当时很多人的经历都不是连续的，就是说他们之前从事的是非政治性的职业，一天之内被逼上梁山，毫无准备地就担任了一个职务，施特拉尔松的市长哈拉尔特·拉斯托夫卡就是个典型。他本是民主德国铁路系统内的蒸汽机车修理工，一个极其普通的工人，可是一夜之间，这个普通的工人就成了市长。转折时期，民主德国地区的混乱程度由此可见一斑。就这样，很多聪明人开始利用这一漏洞跑到别的地方去搞竞选，这就是本属于民主德国的施特拉尔松—吕根地区却突然多出了两个西德候选人的原因。当然，相对于赫尔曼和策姆克来说，默克尔也只不过是半个本地人而已。事实上，我们都知道默克尔是从滕普林来的，柏林则是她长期生活的第二故乡。相对于另两个候选人，默克尔好歹是个东德人，但她毕竟还不是本地人。

其实，如果不是因为机缘巧合和克劳泽的帮助，默克尔根本就无法获得在施特拉尔松—吕根地区参选的机会，因为她实在来得有点儿晚。可是，几个操作程序上的问题帮助克劳泽为默克尔争取到了参选的机会。

问题是当地基民盟在联邦选举法方面的无知造成的。

当地原定的选举计划是：1990 年 9 月 16 日在施特拉尔松市政府召开基民盟 267 选区联邦议员候选人提名大会。在提名大会召开之前，当地基民盟安排了 3 场分别在贝尔根 / 吕根、施特拉尔松和格林门举行的候选人与选民之间的见面会，因为如果没有这些见面会，当地的选民们甚至都不知道他们可以把票投给谁，更不会知道他们将要给其投票的候选人究竟是何方神圣。

参加这些见面会的只有赫尔曼和策姆克，因为默克尔当时还不是候选人之一。最先来探路的是身为基民盟和由基社盟组成的联盟党议会党团工作人员的克劳斯·赫尔曼，当地人对他实在是毫无了解，就算是见面会举行之后也是如此。在赫尔曼之后到来的是由吕根基民盟提名的、身为奥尔登堡银行家的策姆克，至少吕根的当地人对他有些了解，因为奥尔登堡和吕根在之前是友好城市，这恐怕也是可怜的倒霉蛋策姆克决定来这里参选的原因之一，因为相比于赫尔曼，策姆克毫无疑问是有优势的，至少在默克尔到来之前是这样的。

就在这时，问题出现了，各基层选举组织在关于派送参加选举会的代表人数的问题上产生了分歧。在这里，没有人能搞懂法律究竟是如何规定的。无奈之下，选举委员会只得求助于基民盟联邦总部，向他们寻求法律援助。就这样，当地的选举计划耽搁了下来。直到那个时候，默克尔的名字还没有被提及。

这时，克劳泽帮了默克尔的大忙，他利用操作程序问题争取到的时间帮默克尔在格林门的州议员摩尔肯丁和其他人那里说了很多好话，使得他们同意提名默克尔参选联邦议员。在克劳泽的努力斡旋之下，默克尔搭上了选举的末班车。

选举的过程更加充满戏剧性，选举当天所发生的事甚至就像小说中的情节。选举是在吕根举行的，这对于策姆克来说显然是个利好消息，但后来所发生的事却证明，正是这个所谓的"优势"葬送了这位来自奥尔登堡的银行家的政治前程。

在投票的时候，从格林门来的代表都被摩尔肯丁说服把票投给了默克尔，从施特拉尔松来的人看起来更相信赫尔曼，而那些当地的吕根人支持的则是策姆克。策姆克眼看就要成功了，因为在第一轮投的305张有效票中，他的得票率占45.9%，默克尔只得到96票（31.5%），而赫尔曼则差得更远，只得了69票（22.6%），因而被淘汰了。

接下来的第二轮投票在当天晚些时候进行，就在这一轮决定性的投票当中，戏剧性的一幕出现了。第二轮只有274张有效票，缺的那35张选票大概都是住在附近的吕根人，他们都等不及回家去了，相反，远道而来的格林门和施特拉尔松人得等选举结束后才有车来接。就这样，原本投给赫尔曼的选票大多数到了默克尔名下，而原本愿意给策姆克投票的当地人却有很多都放弃投票回家去了，于是默克尔反败为胜战胜了策姆克。在最后时刻被"绝杀"的策姆克站在那里面如土色，严格意义上说，他是默克尔政治生涯中的第一个"牺牲品"，他的政治生命在选举结果诞生的时候就结束了，默克尔把他淘汰了，继续往前走。

淘汰策姆克之后，在1990年12月20日统一后的德国联邦议院在柏林的国会大厦组成的时候，她成为其中的一分子。在1990年12月默克尔从政一周年之际，她取得了空前的成功。但令她没有想到的是，几个星期以后，她将成为联邦内阁中的妇女和青年部部长，这是一个更大的成功，当然也伴随着更多的机遇和更大的挑战。

第九章 / 最年轻的联邦部长

> 安格拉·默克尔在民主德国临时政府副发言人任上的表现得到了广泛的好评，这使她得到了两德统一之后的第一任联邦总理赫尔穆特·科尔的赏识。科尔上台之后，年轻的安格拉·默克尔立刻被任命为妇女和青年部部长，并成为德国有史以来最年轻的联邦部长。

大人物科尔

从民主德国科学院的普通研究员到德国政坛一颗冉冉升起的政坛新星，从草根政党"民主觉醒"的一名普通党员到联邦内阁的女部长，从对生活不抱希望的死气沉沉的女科学家到家喻户晓的联邦总理赫尔穆特·科尔身边的红人，完成这一切，默克尔只用了从 1989 年 12 月到 1990 年 12 月这短短一年的时间。这样火箭一般的蹿升速度是否是前无古人，后无来者呢？至少在德国，没有人可以与她相提并论。

可是，默克尔又是如何得到科尔的赏识，并把这位联邦总理外加基民盟主席变成自己的第三个"扶持者"的呢？要知道，默克尔的前两位"扶持者"埃佩尔曼和克劳泽实际上都是默克尔的同事，他们可以在工作的过程中发现她的能力和潜力。科尔却是一个真正的大人物、风云人物，他这样的人是很忙的，像默克尔这种半红不紫的"准政治家"就算想见他一面恐怕都要预约到几个月之后，这一切究竟是怎么发生的呢？

我们不得不佩服默克尔把握机会的能力。第一位"扶持者"埃佩尔曼帮助她成了民主德国临时政府的副发言人，第二位"扶持者"京特·克劳泽帮助她成为德国联邦的议会议员，可是随着她火箭一般的上升速度，这两位"扶持者"所能带给她的帮助已经十分有限了，她急需找到另一棵可以依靠的大树。她选中了真正的大人物赫尔穆特·科尔，并且抓住了唯一的一次机会，让自己进入这个人的视野。

在这里，我们有必要先介绍一下赫尔穆特·科尔这个人。科尔于1930年4月3日出生于路维希港一个军官家庭，身高1.93米，是联邦德国历届总理中个子最高的，体重在120公斤以上。他在青年时代就投身于政治，1947年上中学时加入基民盟，1969年出任莱法州州长，并当选为联邦基民盟副主席，1973年当选为基民盟主席，1982年出任联邦总理并在1990年的大选中获得连任。

科尔在德国统一问题上一贯坚持两德是"一个民族"，"互不为外国"。1989年11月柏林墙开放后，科尔提出了逐步实现德国统一的10点计划，对加快两德统一起到了开路先锋的作用。1990年10月3日德国实现统一，12月2日德国举行统一后的首次全德大选，科尔所领导的基民盟大获全胜，而科尔也成为统一后德国的第一任总理，并获得"统一总理"的美名。

与科尔第一次会面的机会是默克尔通过很多关系努力争取来的。我们已经多次提到 1990 年 10 月 1 日和 2 日基民盟在汉堡召开的统一党代会。在那次对于基民盟党员来说具有相当重要纪念意义的会议上，默克尔不仅成为德国最成功的政党当中的一分子，更抓住机会与这个政党的领导者科尔产生了联系。

默克尔和汉斯·盖斯勒同是那次党代会上民主觉醒党的 3 位代表者之一，她就是通过这位在后来担任了萨克森社会部长的人认识科尔的。科尔由于早就关注基民盟在新联邦州的人事问题，所以认识汉斯·盖斯勒，于是默克尔请求盖斯勒把她介绍给科尔，她的原话是："你能把我介绍给科尔吗？"

就这样，在党代会召开的前一天晚上，这位年轻的女政治家有了与联邦总理第一次会面的机会，当时在汉堡市政厅地下餐厅，关于党代会的新闻发布会正在进行中。据当时有关的知情人回忆，科尔与默克尔在一起谈了相当长时间，默克尔充分发挥了自己从小就出类拔萃，并且在担任副发言人时经受住了考验的语言表达能力，成功地在这次谈话中给科尔留下了深刻的印象。想必在谈话之后，默克尔的内心是极其兴奋的，因为在谈话的最后，科尔邀请她于 1990 年 11 月，即 1990 年 12 月 2 日第一次全德联邦选举之前前往波恩联邦总理府做进一步的详谈。

关于默克尔与科尔第二次会面的情形，我们不妨引用她本人的一段话来描述："我还记得，我到了波恩，先在科尔的秘书韦伯的办公室里等候，直到韦伯告诉我他要接见我。在科尔的办公室里，我们聊了一些关于选举的事情，科尔显然对这次谈话很满意。"就是这两次谈话使得默克尔真正进入了科尔的视野当中，让这位真正的大人物，这位即将成为德国联邦总理的人意识到他面前的这位年轻女士是真正的可造之材，是一个可以引为心腹的人，这也为科尔在组阁时将默克尔任命为联邦妇女和青年部部长埋下了伏笔。

当然，作为一位成熟的政治家，科尔在用人问题上从来不是头脑一热就做决定的，他经过深思熟虑，把默克尔作为新发现的人选安排进下一届联邦内阁，因为他一直主张，联邦内阁应能充分反映地区政治，而一位来自东部地区又信仰基督教的年轻女性是最理想的人选。此外，科尔希望身边有一个绝对服从和忠实于他的人，牧师家庭出身且年仅36岁的默克尔当然是最好的人选。但此时科尔还没有作出最后决定，他要审阅完默克尔在东德时期的国家安全部档案后才能最后拍板。

"三姑娘之家"

在与科尔第二次谈话之后，虽然没有得到什么保证，但默克尔当时已经感觉到，一旦科尔再次当选，就一定会给她安排一个不错的职位。到了年底，特别是德梅齐埃和克劳泽与她谈了有关政治提拔的问题后，这种感觉更明显了。默克尔把很多她之前的同事都变成了她的支持者和扶持者，事实上，这两个代表民主德国人民利益的人虽然比不上科尔，但他们也都在原则上支持她进入内阁。当然，他们也不清楚默克尔将被安排在什么职位，因为这时候，就连科尔本人都还没有拿定主意。

我们虽然没有把前民主德国临时政府总理德梅齐埃算作是默克尔的"扶持者"之一，但其实他也为默克尔步步高升尽了属于自己的那一份力。在两德正式统一后，德梅齐埃就交卸了短暂担任的总理职务，转而成为科尔在基民盟内部的唯一副手。相对强大的西部基民盟的领袖在合并后仍是领袖，相对弱小的东部基民盟的领袖在合并后成了二把手，这实在是个不错的安排。当然，德梅齐埃并不是科尔的心腹，不过再怎么样，他还有一个副主席的名分，撇开他对科尔的实质性影响不谈，作为一个老于世故的政治家，科尔在组阁人选的问题上决不会让他的副手一无所知。所以，德梅齐埃相对乐观的态度也让默克尔吃了一颗定心丸。

《世界报》常驻东柏林记者阿勒斯跟默克尔的关系也很不错，而且他对默克尔当政府副发言人时的工作成绩很欣赏。1990 年 12 月底，科尔组阁前夕，默克尔在接受他的采访时曾经颇有信心地向他表露过自己的真实想法，她说她有九成的把握会在新一届政府中任职，但不知道具体将会担任什么职务。在这里，默克尔暴露了自己相对不成熟的一面，她甚至对阿勒斯补充道，她对家庭、妇女等问题根本不感兴趣。幸好这位记者十分谨慎，没把默克尔的这些想法在她的任职结果公布之前捅出去，因为她后来恰好担任这一领域的部长。一个对家庭、妇女等问题根本不感兴趣的妇女担任青年部部长？这实在是太尴尬了。

默克尔对于这种人事任命可没有什么选择的权力，这虽然是她不喜欢的工作，但她还是毫不犹豫地走马上任了。"事情的发展让人有些不知所措，你根本没时间去仔细考虑这些问题。我自己清楚，这种安排是有道理的：女性、来自东部、又年轻，这些对我来说都不是什么损失。这个部的工作内容我过去确实很少接触，妇女和青年这类话题在统一时期不是我的主要兴趣。"默克尔在得知任命结果后有些自我解嘲地说。

在组阁的过程中，科尔体现了自己独具匠心的一面，他先是解散了原来的青年、家庭、妇女和卫生这4个部，然后又将这4个部重新整合为3个部，即由格尔达·哈瑟费尔德（基社盟）领导的联邦卫生部、由哈内罗尔·瑞施（基民盟）领导的家庭与老年部以及由联邦德国历史上最年轻的女政治家默克尔担任的妇女与青年部。由于这3个部主管的都是与家庭有关的事务，并且3个部的部长全部由女性来担任，所以媒体有些讽刺又有些调侃地称这3个部为"三姑娘之家"。这实在是一个绝妙的比喻。

1991年1月18日，默克尔正式宣誓就任联邦妇女与青年部部长，在她成为联邦基民盟党员仅几个月后，她便在重新统一了的德国基民盟党内攀上她的政治高峰。这虽然与科尔有意加大妇女工作的力度有关，但不可否认的是，默克尔的确是个天生的政治家，她几乎不需要任何适应时间就可以在政治领域里游刃有余。

信任与考验

　　科尔让有潜力但经验不足的默克尔担任妇女与青年部部长绝对是经过深思熟虑的，从这一人事任命背后所蕴含的意义中，我们就可以看出科尔对这个年轻女政治家的看重与期望。科尔把默克尔所从事的部长工作解释为在艰苦的政治管理领域中学徒，他故意没有赋予新的妇女与青年部更多的职能，把一个处理"软性"政治问题的部交给来自德国东部的年轻女部长，为的是让她在任期内积累足够的处理政务的经验，并且为承担更重要的任务做准备。妇女与青年部部长这个位置虽然远称不上举足轻重，却是一个积累经验与人脉的绝佳场所，一块向更高层次晋升的绝佳跳板。

　　默克尔相当理解科尔的用心良苦："我认为这项任务为我提供了一个绝好的机会，我可以逐渐进入工作角色，可以了解整个机制，同时又没有在重重困难中为某事而心力衰竭的风险。比如克劳泽，他失败的部分因素在于他所在的交通部是一个庞大的机构，一个可以支配很多资金，同时又是院外人士游说的是非之地，他没能把持住自己，我实在为他感到惋惜。"

　　精明老到的科尔费尽心机地为默克尔安排职位，但终究还是百密一疏，当然我们也可以将其理解为科尔对她的考验，试想，就连年轻的默克尔都可以轻易地看穿妇女与青年部部长这个任命背后的潜台词，那些久历宦海、精明无比的政客和记者又怎么会看不出呢？所以，默克尔一上任就被人看作是波恩政治鲨鱼池里"科尔的小姑娘"，几乎所有人都认为她能够青云直上成为一部之长，这全是科尔对她的恩赐。她在民主德国临时政府中的那些出色的工作经历是怎样的？没有人在乎这些。

默克尔觉得科尔的鼎力提拔对她个人形象没有太大帮助，她的政治发展反而时刻受制于"大胖子"科尔（科尔在波恩时的绰号）的特殊保护和宠爱。她曾说道："客气地说，人们总是把我看作是科尔所派生出来的身影，这对我来说实在是不公平的。我必须从一开始就为自己能够成为一个独立的存在而斗争。科尔一个人这么看我是没有用的，我要让其他的所有人都这样看待我。事实上，从我得到那个部长的职位起，整个舆论就干扰着我。当时各个职位已经被占满，尽管很不合理，但要权衡的因素很多，如女性比例、基民盟内的左派、被科尔直接左右的人等等。我很想做些事情，但在我所处的位置上很难马上动手，因为我先要试着从科尔的阴影里走出来才行。对我来说，这在一定程度上是一种保护，但一想到这些不合理的安排，我就很不舒服。"

这件事对于默克尔的困扰实在很严重。1992 年，默克尔担任部长的第二年，她曾对一位陪同参加竞选活动的女记者说："我走过波恩城时心里在想，如果没有科尔，如果我不再是部长，谁还会向我打招呼？"在上任初期，默克尔甚至被这种不正常的气氛搞得陷入了偏执的状态。

当然，默克尔还有另外的困扰，她在政治圈里的蹿升速度实在是太快了，以致她不能很好地摆正自己的位置。对于"突然之间就要与那些生平只在电视里才见到过的人坐在一张桌子旁"这件事，默克尔一时之间实在有些难以适应，她不得不用这样的想法来鼓励自己："你能解开数学中的整数，你就能和布吕姆（德国劳动部长）谈话。"不过，没过多久，默克尔就轻松地发现，那些政治上的"大腕"也不过如此，他们也都是普通人，跟她一样。

决心与尊重

默克尔很清楚，科尔是她的导师，但默克尔更清楚，她必须要做一些事情，好让自己尽快地从科尔这位导师的影子里走出来，如此一来，默克尔才是默克尔，才不再是"科尔的小姑娘"。与此同时，作为联邦内阁的一部之长，默克尔当然也希望自己的部门能在自己的带领之下拥有更多的实质性职能，取得更多的成绩，这是上任初期的默克尔对自己的两点期望和要求。

实际上，要想赢得他人的尊重，让自己独立，默克尔只有一条路可走，那就是尽可能快地在工作中有所作为。政坛是一个现实的地方，在这里，一个没有实力的人是做不成任何事的，更不要说获取别人的信任了，所以饱受困扰的默克尔很快明白过来，纠结自己在别人眼中的形象问题是没有意义的，只要能让别人看到自己的成绩、让别人了解自己的能力，那么用不了多久"科尔的小姑娘"就会自动变回"默克尔"。

默克尔最不缺乏的就是克服困难的毅力和决心，她知道，要想在工作中作出成绩来，自己首先要在"家里"（各部部长都这样称呼他们各自所管辖的部）赢得同僚们的信任和支持。于是，默克尔开始积极地组建自己的工作团队，决定启用联邦内政部的副司长维利·豪斯曼作为自己的国务秘书。默克尔是在签署统一条约的时候认识豪斯曼的，从那时起，默克尔对他的印象就相当不错，觉得他是一个值得信任的人。在默克尔看来，豪斯曼是那种最朴实肯干却从不惹人注意的人，他总是可以完美地做好自己的工作，却不习惯让自己暴露在聚光灯下。

豪斯曼曾随前联邦德国内政部司长维嘎德·哈尔德一同参加两德统一条约的签署，他是默克尔的同行，他俩都负责新闻发布工作，默克尔代表东德方面，豪斯曼代表西德方面。在从事这项工作时，豪斯曼曾经得到明确指示要特别照顾东德代表，因此每次在联邦新闻发布会召开前酝酿发布内容时，豪斯曼总是请他后来的上司默克尔先发言，默克尔总是可以首先阐明自己一方的态度，之后豪斯曼才做补充性发言，这就是他为了完成上级的指示所做的努力。在记者招待会上，豪斯曼还会巧妙地避开一些很专业的、内容深奥的问题。默克尔十分欣赏豪斯曼谦虚和不张扬的作风，所以他是默克尔的第一选择。默克尔知道，豪斯曼会成为自己身边一位极其忠实和守口如瓶的官员。

默克尔大刀阔斧地按照自己的想法来组建团队，她在解除那些她认为不合意官员的职务时的手段甚至可以用冷酷来形容，由此我们也可以看出默克尔在做好自己工作、赢得人们尊重的这件事上下了多大的决心。默克尔上任之后，第一个"挨刀"的倒霉蛋是部办公室主任约阿希姆·维尔伯斯，此人曾经是前任部长聚斯穆特的私人助理，并且十分熟悉本部情况，默克尔不愿意看到前任的心腹坐在自己办公室的前厅，她的烦心事已经够多了。取代维尔伯斯位置的是从经济部调来的雷斯根。雷斯根的工作令默克尔相当满意，他在1994年大选后又随默克尔去了环保部，继续做她的部下。

任用自己信任的人来做国务秘书和办公室主任这件事当然无可厚非，但就算是司一级领导中那些自己看不顺眼的人，默克尔也不愿意放过，首当其冲的是负责青年工作的司长万弗利特·戴特林，此人以"想法与众不同"出名，完全不像"典型"的官员，也不按常规行事，是个麻烦制造者。默克尔当然不能容忍自己的团队内部存在这样的人，戴特林的存在只会给她未来的工作带来无尽的烦心事。默克尔下一步的人事安排更赢得了人们的尊重，她撤销了负责妇女政策的女司长顺普席林，后者以夸张的形式代表着妇女解放的立场，她跟维尔伯斯一样也是前任部长聚斯穆特的心腹，默克尔既不同意这位女司长的基本立场，也不能接受她过于突出的自信。

就算是对自己亲自任命的官员，默克尔也从来不会降低要求，一上任就换掉了私人助理卡塔琳娜·舍尔根这位细腻的无党派人士，调来了一位与自己关系密切的年轻同事。但是这个年轻人的所作所为却令默克尔极其失望，他竟然给广播电台的夜间节目打电话，自称是妇女与青年部部长默克尔的助理并要求通过广播为他找一位愿意与自己约会的女士。默克尔得知这件事后在啼笑皆非之余马上解除了他的职务，为他在部内安排了一个无关紧要的职位，这样不靠谱的人，默克尔是决不会让他参与机要的。

从默克尔上任之后所做的任何一件事中，我们都可以看出她急于证明自己、急于赢得尊重的决心。默克尔曾宣布，她想把急剧恶化的妇女就业问题作为重点来解决，当下属说相关的调查研究要到 1994 年才能完成时，这位新部长勃然大怒："新联邦州的妇女们等不到 1994 年！"她与各方面的专家座谈，以了解广泛的政治和社会问题。她谈话时神情专注，搞清了一个问题，马上就转入下一个。一位同事说："默克尔在和同事讨论复杂的政治问题时就像'政治动物'，有着本能的直觉，总能神奇般地指出立论的缺陷。"

政绩斐然

默克尔需要政绩，对于她来说，早一天取得足够拿得出手的政绩就能早一天摆脱"科尔的小姑娘"这个在她看来极其不光彩的头衔，这就是当属下告诉她关于急剧恶化的妇女就业问题要到 1994 年才能着手解决时她勃然大怒的原因。不仅新联邦州的妇女们等不到 1994 年，默克尔同样不能等那么久，她实在是心急如焚。

默克尔当然有作出政绩的能力，如果她是一个什么都做不了、只靠他人的帮助和好运气上位的人的话，她是绝不可能取得如今的声望和地位的。让德国政坛的所有人真正认识到这个"小姑娘"不简单的，是她对于妇女堕胎问题的处理方式。

堕胎问题是一个两德合并之后逐渐凸显出来的法律难题，前民主德国的法律规定得很清楚：在胎儿生长的前12周内，妇女有权决定是否终止妊娠。但是，前联邦德国却是一个信仰基督教的国家，那些虔诚的信仰基督教的人民，尤其是西部人民对于这样的法律规定是无法接受的。因此，联邦议院要在绝对禁止堕胎、限期咨询、由医生出具适宜堕胎证明和限期解决的方法之间进行选择决策，而这也正是默克尔所领导的妇女与青年部职权范围之内的事。

事实上，在面对这个问题时，默克尔的立场也很尴尬：一方面，她作为年轻的妇女部长，想为妇女争得自决权，同时她认为自己有义务在重新统一的德国代表东德人的利益；另一方面，她隶属于信仰基督教的党派，这个党的大多数党员，至少联邦一级的议员都信仰天主教，这些人与教会的立场很贴近，认为法律理应起到"保护生命"的作用，他们以猜疑的眼光观察着党内高层对这一问题的政策。

在这个问题上，自民党主张限期解决的办法，而多数基民盟／基社盟议会党团成员则倾向于严格的由医生出具适宜堕胎证明，默克尔的主张是采用咨询的方式，并最终由当事妇女本人做决定的解决方法。默克尔始终把"帮助代替惩罚"的格言作为指导思想，主张妇女应该在公正的咨询之后作出是否要孩子的决定，而不是用惩罚的手段进行威胁。在联邦议院的表决中，默克尔的提案获得了通过，却也因此引起了基民盟和基社盟议会党团多数成员的不满。于是，248名基民盟／基社盟联邦议员为了让这一决议"流产"，对它进行了法规审查起诉，但联邦宪法法院批准了限制期限条款的核心内容，作为妇女与青年部部长的默克尔完全同意法院的判决。

在解决这一问题的过程中，默克尔不仅为德国的妇女尽可能多地争取了权益，并且在那些看不起她的人面前证明了自己的能力。事实上，在这个问题上，科尔是不可能给予她太多帮助的，因为就算对科尔来说，这也是一个很棘手的难题。科尔认为在这个问题上应该持自由及宽容的态度，因为从感情上说，这个问题更多地属于私人而非公共生活范畴，所以在制定法律时不应该太过严厉。但他作为基民盟主席又觉得有义务倾向于多数党员的保守态度。对他来说，更为困难的是，作为联邦总理，他必须签署这一条款，但对外表态时他又要说这一条款内容有悖宪法，而科尔如果拒绝签署这一条款，也免不了联邦宪法法院的官司。最后，精明的科尔总理终于想出了一个办法，他以联邦总理的名义签署了条款，又以议员身份参加本党议会党团多数成员提出的法规审查起诉。这样，他终于做到了既忠于国家又忠于党，这样做真够难为他的。

在这件事上，科尔总理尚且自顾不暇，当然也就没有精力，更没有立场给默克尔提供帮助了。也正是因为此，默克尔在解决这件事上的表现在他人的心里赢得了更多的印象分，因为每个人都知道，这个问题真真正正是她靠自己的能力解决的。

妇女就业问题在默克尔手里也得到了彻底的解决。她推动了"男女平等法"的通过，使得女性在就业问题上获得了与男性同等的法律权益，并且意味着雇主在雇用人员时不得有性别歧视。默克尔本身就是一个女人，自然知道妇女们在就业时遭到了哪些不公平的对待，更知道如果

"平等法"通过，广大的德国女性们将受到怎样的鼓舞。

可是，1992年初默克尔第一次提出"平等法"相关草案时，却很快遭到不少人的攻击和指责，参加联合执政的自民党以及颇具影响力的经济联合会都强烈反对草案中关于雇用被证明有负担的妇女重返工作岗位的提法。1992年2月的《星期日图片报》以"整个波恩都在嘲讽默克尔的妇女解放政策：您会雇用这样的妇女吗?"为标题开始了论战。德国工商大会主席施蒂尔也毫不掩饰对草案的蔑视，他说："人们惊奇地看出，政治家们因为本身没有这样的问题，所以才会产生这种想法。"

默克尔没有因为各方对草案提出的生硬批评而气馁，因为她知道，再好的提案都不可能令所有人满意，但是这份明显可以使人民受益的提案会招致如此之多的批评却也是她始料未及的。于是，为了协调各方对平等法的不同意见，默克尔与各方势力进行了持续几个月的谈判，直到1993年9月，修改后的草案才又提交到联邦议院。在新的提案中，默克尔在有争议的关于有负担的妇女重返工作岗位问题上作出了妥协，由此得到了联合执政党的支持。妥协后的草案提出，当事人妇女有权要求雇主最高给予3个月的经济补偿，不到400名员工的中小企业进行特例处理。经过顽强的周旋，这项法律于1994年9月1日正式生效。

对于默克尔来说，"平等法"的通过不仅为她添了一桩政绩，为广大德国女性争取了权益，同时也了却了她一桩多年的心愿。虽然在从政之前默克尔始终在科学院工作，但她也是自己找工作并且一步一步走过来的，所以她深知其中的酸甜苦辣。这一法案的通过绝不仅仅是为默克尔增加了不小的政治筹码，同时也是她作为一名政治家的良知的体现。

在处理那些在联邦政治中算不上重要并且不那么引人重视，也就是说无法令自己获取更多有价值的政绩的项目时，默克尔也抱着同样执著的态度，尽自己最大的努力去工作。比如在默克尔的推动下，联邦议院通过了"扶助儿童及青少年法修正案"，使得年满3岁的儿童在上幼儿园的问题上获得了法律的保障。

在与不断增多的青少年暴力犯罪的斗争中，特别是针对统一后第一年发生在东德的不寻常现象，默克尔毫不畏惧地与有极端倾向的青年进行讨论。为了加强这一领域的工作，她的妇女与青年部于1992年1月制订了持续3年的132项反暴力攻击的项目。针对当时青少年中不断增多的攻击外国人的暴力现象，她建议为学生开设"人类文化学"课程作为必修课，同时提示电视台须加强自我监督、限制暴力内容节目的播出。此外，她还主张禁止播放被列入禁放名单的电影，而且极力反对播放带有右翼激进色彩的音乐，并且拒绝对青少年刑法增加更为严厉的修正条款。

与此同时，默克尔还积极推动反对虐待儿童的运动，在全德范围开展了"反对对儿童施暴"的启蒙教育活动，并希望借此为降低联邦德国不断增高的针对儿童的犯罪现象作出贡献。

回顾那一段时间所做的工作，默克尔认为那是她当妇女与青年部长时取得的最大成就。

总而言之，以火箭般的速度蹿升至内阁部长的高位之后，默克尔的从政之路就再也不能用一帆风顺来形容了，在她接任妇女与青年部部长以来，一系列的麻烦接踵而至：同僚的掣肘和冷落、媒体的冷嘲热讽、同事的不信任，再加上身体上的伤痛，这些事不断地捶打着默克尔的神经，考验着她的承受能力。坚忍顽强的默克尔挺了过来，不但让自己部门的工作走上了正轨，作出一件又一件的政绩，而且开始主动寻找属于自己的选区、自己的"领地"。她知道，联邦内阁成员这个位置并不是终身的，她要想在不进则退的政坛站稳脚跟并且更上一层楼的话，就一定要有一批时刻支持自己的忠实选民才行。

第十章 ／ 寻找"领地"

> 安格拉·默克尔的从政之路虽然走得极顺，但给人"打工"却并不是她的终极目标。从政至今，默克尔的眼界已经大为开阔，她知道，要想成为杰出的政治家，就不能光靠别人的赏识过日子，一定要有自己的选民、自己的支持者、自己的"领地"才行。

"无家可归"

默克尔当上了联邦部长，并且在妇女与青年部政绩斐然，这是一次胜利，一次很大的胜利，但却不是永久的胜利。默克尔知道，如果没有一块属于自己的"领地"，没有一群忠实地支持自己的选民，她就是一个暂时的、可被替换的角色，她胜利的果实今天是自己的，明天是自己的，但到了后天，也许就成了别人的，因此她无论如何都要找到一块"领地"才行。

尽管默克尔目前是梅克伦堡——前波美拉尼亚州（简称梅前州）选

出的联邦议员，但她还是排除了在自己的选区梅前州竞选州基民盟主席的打算，因为提拔过她的克劳泽正在这个位置上，她当然不能去和克劳泽争，但是不争的话，她也就彻底"无家可归"了。

"无家可归"就再给自己找个家，于是默克尔选择在勃兰登堡州参加竞选。前文中曾经提到过，默克尔是在勃兰登堡州长大的，那里是她的家乡，但是她选择在勃兰登堡参加竞选并不是因为那里有她的家人，而是与基民盟党内的政治斗争有关。

1991年9月，默克尔的老上级、前民主德国总理德梅齐埃因被证明与民主德国国家安全部有关而辞掉了包括州基民盟主席在内的所有政治职务。由此可见，就算民主德国已经不复存在，国家安全部仍然流毒无穷，就好像所有的东德人都跟他们有着说不清、道不明的关系似的，而"与国家安全部有关"这个借口也成了整垮一个拥有东德背景的政治家最有力的武器。由于德梅齐埃倒台，勃兰登堡州这块"领地"空了出来，当时基民盟内代表雇员利益的社会委员会主席及德国工会副主席——西德人乌尔夫·芬克很快盯上了这块地盘，打算争取成为德梅齐埃的继任者。可是，就在芬克正决定申请候选人资格时，他吃惊地得知默克尔也将在这里参选。

事实上，在选举之前，芬克已在勃兰登堡州下了很大的功夫，他进行了多次竞选活动，并且得到该州多数地区基民盟组织的支持。既然如此，为什么同为基民盟成员的默克尔还要参与进来，与芬克同室操戈呢？其实，默克尔的加入是经过科尔的授意，并且由基民盟总书记吕尔推举为候选人的。默克尔是科尔的心腹，芬克却是科尔在党内的对头。芬克虽然也是基民盟党员，但他早在两德统一前就是受到排挤的基民盟前总书记海涅·盖斯勒多年的同事和朋友，科尔不能容忍一个盖斯勒的人出任州主席，再加上一旦芬克成为州的党主席，就有可能成为勃兰登堡州很有潜力的州长候选人，因此本着肥水不流外人田的原则，科尔授意默克尔来勃兰登堡州参加竞选。当然，科尔在党内的官方说法是：一位来自新联邦州的女候选人接替德梅齐埃，这将对党的内部发展具有重要意义。

就像一年多以前那次戏剧性的联邦议员选举那样，默克尔摆出了一副后来者居上的架势。虽然她是在 1991 年 11 月初，离竞选只剩不满一个月的时间才决定参加竞选的，但她仍然信心十足地准备一拼高低。

但是这一次，默克尔虽然得到了科尔的鼎力支持，但是前景却远不像她想象中的那样乐观。当然，上一次选举时那种戏剧性的场面也不可能再发生了。对于两位候选人，当时基民盟州理事会的意见是：尽管默克尔的青少年时期是在勃兰登堡州的滕普林度过的，但鉴于芬克长年积累的解决社会问题的经验将有助于解决本州的社会问题，因此他们更倾向于选择芬克。事实上，芬克在之前搞的那些竞选活动并不是毫无意义的，基民盟理事会的多数成员都愿意支持他当选，当然，这也是很多人对波恩总部指定科尔偏爱的候选人参选的做法感到十分不满的结果。

选举于 1991 年 11 月 23 日在勃兰登堡州的克纳特河畔的区里茨进行。默克尔对这次竞选的结果非常失望，她以 67 比 121 的悬殊差距败给了芬克，所有支持默克尔并且陪同她来参选的人都看到了她在选举结果揭晓后脸上所显现出的惊愕表情。虽然默克尔很失望，也很难过，但她不得不承认芬克确实比自己老练得多。芬克能够获胜，一方面在于他暗示自己不是基民盟总部的宠儿，使那些对波恩总部持批评意见的人都把票投给了他；另一方面，芬克是带着详细的人事和工作计划来参选的，每个人都能看到他为此付出的努力。而默克尔呢？她匆匆决定参选，但除了科尔的支持之外，她什么都没有。

就这样，芬克导致了默克尔政治生涯上的第一次大失败。这次投票表决的受挫着实给默克尔上了一课，让她真正懂得了选举究竟是怎么一回事。默克尔仍然是"无家可归"的。

名义上的职务

一次选举的失败对于默克尔来说并不是什么世界末日，无论如何，年轻、有才干并且深得党主席科尔信任的她仍然是基民盟未来的希望。就在选举失败几个星期之后的 1991 年 12 月，默克尔再次品尝到了成功的滋味，她在德累斯顿基民盟党代会上竞选当时联邦基民盟唯一的副主席一职。在这次竞选中，没有人是她的敌手，结果她获得了 719 票中的 621 票，另有 32 票弃权，以 86％的支持率当选。科尔虽然不是万能的，但仍然没人能撼动他在波恩总部的影响力。

当然，就连局外人都知道，默克尔的获胜是由于以科尔为首的基民盟领导层对她的认可，甚至举行这次选举的目的就是为了让她接替辞职的德梅齐埃，成为基民盟副主席。不可否认的是，这次选举所造成的客观后果是使默克尔在最短的时间里成为联邦政府内唯一具有长远发展潜力的东德女政治家，这当然也是符合基民盟的根本利益的。而且在党内，默克尔是科尔一手提拔起来的，是他的心腹，并且她的政治资本还浅，远不能对科尔本人的领导地位构成威胁。

实际上，基民盟副主席对于默克尔来说在很大程度上只不过是一个名义上的职务，无论是在党内还是联邦，她的职权范围都没有增加。有一件事可以证实这一点：梅前州州长阿尔弗雷特·戈穆尔卡辞职后，州府什韦林发生了政府危机，而科尔邀请来参加关于危机处理问题的讨论会的3个人是梅前州基民盟总书记、不久后成为该州州长的贝尔恩德·赛特以及交通部长克劳泽和州议会党团主席雷贝格，作为来自梅前州选区的默克尔却没有被邀参加讨论。明眼人一眼就看出了其中所蕴涵的潜台词，为此《法兰克福汇报》写道："能处理基民盟内部危机的只能是党主席和联邦总理科尔，而不是什么其他人，也不是他的第一和唯一的副主席、青年部长默克尔。"默克尔的资历还是太浅了，在科尔的眼里，她仍然只是个学生。

令人遗憾的是，成为基民盟副主席这件事对于默克尔来说也并不完全是一件好事，她和她的老上级德梅齐埃之间良好的私人关系正是从这件事开始发生变化的。我们都知道，在默克尔刚刚加入政坛的时候，德梅齐埃是对她帮助最大的几个人之一，但是随着德梅齐埃作为民主德国最后一任部长会议主席在政治上的失败和默克尔事业上的直线上升，两个人之间的关系变得冷淡起来。

作为旁观者，我们很难说这种变化是由哪一个人的过错造成的，但是在德梅齐埃看来，事业上节节高升的默克尔的性格起了某些变化，他举例：默克尔与其现任丈夫绍尔博士的住所和德梅齐埃的律师事务所恰好在同一座楼里，"我两次对默克尔说，你有时间就到我这儿来坐坐，你来这里随时都有咖啡喝，可惜她一次都没来。我有一种感觉，她害怕接触所有提拔过她的人和曾经对她起过重要作用的人，她已变成西方式的政治家而不再像一个东德人了"。这就是德梅齐埃的原话。

回到梅前州

无论怎么说，默克尔当选为基民盟副主席都是一件值得庆贺的事，虽然这只是一个名义上的职务，但却代表了基民盟党内部对于她能力和才华的肯定。但是，这件喜事却无法解决她当前所面临的根本问题——她仍然没有自己的"领地"，并且她本人对于如何解决这个问题毫无头绪。

时光飞驰而过，在1992年10月的杜塞尔多夫基民盟党代会上，默克尔连任基民盟副主席一职。这一次的投票结果是，她获得了968票中的762张选票，得票率为76%。表面上看来，默克尔赢得这次竞选的方式仍然是压倒性的，但事实上，她被拥护的程度已经有所减退，这说明在与西德同事的竞争中，她已很难像10个月之前那样以单一候选人的身份获得那么好的选举结果。要知道，上一次选举，她的得票率足有86%。

默克尔从未像现在这样感觉自己缺乏州一级方面的支持，也从未像现在这样急于寻找属于自己的"领地"。就在这时，一个偶然的机会让寻找"领地"这件事有了头绪。令人遗憾的是，这个机会还是因为她的恩人下野而获得的。

这一次，倒霉的人是克劳泽。这位默克尔的良师益友，曾为她的从政之路贡献良多的人由于前边已提及过的原因，不得不先从联邦交通部长的职务退下来，又于1993年5月被迫放弃梅前州基民盟主席一职。这一次，默克尔终于可以回家了，她很快便被提名为继任候选人。这一次也不会再有芬克来跟她竞争了，无论是联邦一级基民盟还是梅前州一级基民盟都积极支持她当选。

当然，默克尔能够得到各方面的广泛支持是有原因的：一方面，默克尔原本就是梅前州选出的联邦议员，这根本就是她的地盘；另一方面，梅前州基民盟出于扩大自己影响力的考虑，也希望由默克尔这位既是联邦部长又是基民盟副主席的人来担任主席职务，默克尔更可以帮助梅前州基民盟在波恩基民盟总部争取到更多的利益，这实在是一件一举两得的事。

既然天时、地利、人和都站在默克尔这一边，她的最终当选自然是毫无悬念的。1993年6月，默克尔在选举中获得了159张选票中的135张（得票率为85%），成功当选为州基民盟主席。

从这一刻开始，默克尔终于圆了自己的"领地梦"，得到了梦寐以求的保障她联邦政治地位的地方权力。

第十一章 / 多灾多难的环保部

> 默克尔联邦环境部长的任期足可以用多灾多难来形容，先是上任未久就要被迫以东道主的身份来组织柏林气候峰会，然后又在夏季废气排放规定上遭遇滑铁卢，在1998年的核运输危机中，她甚至几乎因此而断送了自己的政治前程。但即便如此，我们却不能就此认定默克尔是一个失败的环境部长，因为她在这种种灾难的夹缝中仍然作出了许多令人侧目的政绩。

在优秀的基础上

时间来到了 1994 年，这一年是大选年，看起来似乎永远不会犯错误的赫尔穆特·科尔又一次登上了联邦总理的宝座。新一任政府中的领导者虽然没有变，但是整个内阁还是要进行重组。默克尔顺利地从妇女与青年部部长的职位上毕业了，科尔对她这几年来的表现相当满意，于是给她安排了一个更能施展拳脚、责任也更重的职位——环保部长。

如果说妇女与青年部负责的是柴米油盐，那么环保部的工作范围就是真正的国计民生。与过去的"软任务"相比，她现在负责的领域是政治争论的中心，其决策对于经济发展在过去和将来都起着十分重要的作用。默克尔是继前任部长克劳斯·特普费尔在环保方面已采取了十分成功的政策背景下走马上任的。

默克尔的前任特普费尔是一个非常优秀的政治家，他在任期间所推行的环保政策在经济繁荣的大环境下一枝独秀。从 1987 年到 1994 年，特普费尔在环保部长的位置上干了 7 年。1986 年，切尔诺贝利事故发生后，他的环保政策在联邦德国具有越来越突出的意义。特普费尔成功的秘密武器在于，他出于对环保事业的执著和信念，为扩大环保部的影响而四处奔波。当然，这一点也是他在 1994 年的内阁改组中被调离环保部的主要原因，一部分工业部门，如对他制定的环保监督条例极为不满的汽车制造业，认为他的态度过于执著、影响力太强。对于卸任环保部长这件事，特普费尔并没有什么意见，他很愿意趁机当上主管基础设施建设且具有实权的建设部长，同时肩负起议会和政府迁往柏林的巨大搬迁任务。现在特普费尔又干起了自己的老本行，他是联合国设在内罗毕的国际环保组织副秘书长，同时也是德国驻外级别最高的政治家。

尽管特普费尔不想干了，但外界对默克尔就任环保部长这件事仍然感到吃惊，虽然她曾经是物理学家，专业也对口，不过对于默克尔来说，这让她有了接受更大的挑战、作出更大的政绩、积累更多的政治资本的机会，于是当科尔提议让她接管环保部时，她毫不犹豫地就接受了。默克尔在接受采访时公开承认这个任命对她来说是一次很好的机遇："很明显，曾经被分解开的妇女与青年部和家庭与老年部又将重新合并，我不可能做家庭部长，因为就连我自己都是单身呢！我认为环保部长这个职位非常适合我，因为环保部的工作将会涉及一系列自然科学问题，这正是我的强项。"

事实上，做特普费尔的继任者，默克尔的压力真的很大，因为在普通的基础上，你可以做到优秀，但在优秀的基础上，你就只能追求卓越了。如果不能超越前任，那么所有人都会开始怀念你的前任。外界用怀疑的目光注视着这位新任环保部长，具有影响力的环境与自然保护组织批评环保部任用了一名"轻量级环保部长"。就这样，1994 年 11 月 17日，默克尔宣誓就任联邦环保部长。

施特洛特曼时代的终结

在默克尔就任环保部长时，几乎没有人认为她能比自己的前任做得更好。但是，人们很快发现自己又一次低估了这位来自东德的女士的决心和毅力。上任不到 3 个月，默克尔就使用强硬的手段让长年担任国务秘书的施特洛特曼提前退休。我们常说"新官上任三把火"，新上任的领导带来新的政策是无可厚非的，但默克尔这把火烧得实在是太大了些。

1991 年，默克尔在就任妇女与青年部部长后所做的第一件事也是拿部里的老人"开刀"，但施特洛特曼和之前那些被默克尔撤换的人不一样，他在特普费尔手下工作了近 8 年，两人相互信任、合作密切。在切尔诺贝利反应堆事故后，施特洛特曼与特普费尔一起，在联邦内政部设一个大司与联邦经济部一个司的基础上共同扩建成强有力的环保部，他几乎已经成了环保部的代名词。

当然，默克尔一上来就撤掉施特洛特曼也是有原因的，并不仅仅是要"杀人立威"那么简单。事实上，施特洛特曼独立和独特的工作风格使默克尔从接触他的第一刻起就不喜欢他。施特洛特曼不仅是一个有能力的人，同时还是一个求名欲望很强、很爱出风头的人。在特普费尔时代，施特洛特曼虽然在环保部的方针及政策路线上没有更多的发言权，但在很多重要问题上都参与意见。特普费尔与施特洛特曼的合作之所以成功，是因为特普费尔虽然了解施特洛特曼求名欲望强，但他知道施特洛特曼是一位忠诚的国务秘书，施特洛特曼在任何公开场合都决不会让自己的权力受到丝毫威胁，而他自己也有足够的自信容忍施特洛特曼有时候撸胳膊、挽袖子、一派自命不凡的样子。特普费尔持这种态度也与他的政治风格有关，他不愿事无巨细地过问"家里"所有事情。

默克尔则与特普费尔的工作风格完全相反，特普费尔在工作中喜欢抓大放小，但默克尔却是一个天生的工作狂，她的风格则是事无巨细。所以，在对待施特洛特曼的态度上，默克尔也与特普费尔的态度完全相反，她根本就不想尝试与他合作。默克尔根本不会容许自己的身边有这样一个爱出风头的人，虽然她也深知施特洛特曼能力很强，留用他可以给自己未来的工作带来不少帮助，但是她肯定自己以后会跟施特洛特曼闹矛盾，既然如此，那就一劳永逸地解决这个问题吧。

1995 年 1 月 6 日，默克尔宣布解除施特洛特曼的职务，她的这一做法果然引起了轩然大波，对于那些环保部的职员们来说，"没有施特洛特曼的时代"简直是不可想象的。社民党环保新闻发言人米夏艾拉·米拉曾说："我们经常在具体问题上与施特洛特曼争吵，但我们始终都相信他说的。"这番话无异于火上浇油，加快了默克尔对施特洛特曼的解职过程。

施特洛特曼的继任者是从内政部调到环保部来的公认的管理专家埃卡德·尧克。与默克尔一样，尧克也是进入环保政治领域的新兵。默克尔之所以点了尧克的将，是因为尧克是由她在妇女与青年部时的国务秘书豪斯曼推荐的，他们二人是朋友。其实，默克尔本想继续让豪斯曼当自己的国务秘书，但根据科尔的建议，默克尔还是将豪斯曼留在了由克劳迪亚·诺尔特领导的重新组建的联邦家庭、老年、妇女与青年部，而对于默克尔这个仍属于没经验的年轻部长，科尔想为她配备一名经验丰富的副手。

任命新国务秘书后，默克尔虽然还未完全进入角色，但已开始着手对部领导层进行人事调整，她想尽快把自己塑造成一个目标明确、独具个性的女部长，以便与前任区别开。默克尔想让别人在提到环保部时说特普费尔是自己的前任，而不是说自己是特普费尔的继任，因此在与特普费尔交接时，她也没请这位有经验的前任提什么建议。

经过这一系列大刀阔斧的调整，再没有人会怀疑默克尔获取权力的本能，也再没有人会嘲笑她是"科尔的小姑娘"了，这对于默克尔来说无疑是个好消息，但她真正的考验也将随之而来。

开门红

在上任之前，默克尔就知道环保部长这个位子不好坐，她也做好了迎接一切困难的心理准备。但她未曾想到的是，她的第一个重大考验来得这么快、难度这么大。

就在 1995 年 1 月默克尔撤换国务秘书，终结了环保部的"施特洛特曼时代"后不久，她得到了一个塑造个人形象的机会，联合国气候峰会拟在柏林召开，刚刚上任不久的默克尔将作为东道主国环保部长主持这次会议。其实也很难说这对于默克尔来说到底是好事还是坏事，因为这是对她在国际层面上贯彻和实施政策能力的一次极其严峻的考验。如果成功，那当然就不会再有人对她能否当好环保部长持怀疑态度了，所有的质疑声都将变成歌颂；但如果失败，就连默克尔自己都不知道还有没有脸面在这个位子上坐下去，而且在背后支持她的科尔也会受到连累。

在这次会议上，默克尔几乎失败了，但幸运的是她坚持了下来并最终取得了成功，获得了在环保部长任上的开门红。

前来与会的各国环境部长都不是等闲之辈，其中资历最浅的恐怕就是默克尔这个负责主持会议的东道主了。在默克尔的协调下，经过 2 个星期的反复谈判，各国代表终于在 1995 年 4 月初的一次夜间马拉松会议上通过了旨在减少温室气体排放的《柏林授权书》。减少排放量虽然在短期内难以看到效果，但对将来有难以预料的好处。

像其他国际会议常见的一样，在柏林会议召开的前几天，各国代表之间的观点似乎还是差异很大，默克尔几乎看不到任何使他们达成一致的可能性。在集体的谈判之外，默克尔几乎每天都要与那些特别难缠的代表团进行持续至深夜的单独谈判，这样的工作让默克尔疲于奔命并导致她精疲力竭。在大会接近尾声时的一次夜间会议快要结束时，默克尔在体力和心理上都已经到达了极限，她实在坚持不下去了，哭了鼻子，甚至想就此甩手不干，找家科学院继续当她的研究员去。就在这时，与她关系最密切的女同事贝特·鲍曼在不少人能听见的情况下，态度有些生硬地鼓励默克尔："你一定要振作起来！"

这是一句很普通的话，却像是为默克尔注入了一针强心剂，她坚持了下来。几个小时之后，会议取得了成功，默克尔对会议结果很满意。就这样，这位在环保领域还缺乏经验的女部长在任职之初就在国际会议上让130个国家的约1000名意见不一的代表最终达成了大家都能接受的决议，证明她在短时间内已掌握了气候保护方面的主要问题。

虽然被搞得狼狈不堪，但默克尔所取得的这次开门红让所有质疑和批评她的人全都闭上了嘴。紧接着，默克尔发现在环保部的工作人员中有相当多的"信念叛逆者"，他们在环保问题上并不为各自党派的政治方向所左右，这使环保部内形成一种有利于女部长稳固自己地位的氛围，这种氛围使默克尔当好环保部长的信心大增。与特普费尔在任时相比，仅仅上任了几个月的默克尔很快就改善了环保部与经济界的关系，新的环保部长主张在环保政策与经济发展之间采取"缓和政策"，她总是尽自已最大的努力去避免意见分歧，尽可能一致地去解决矛盾。

在回忆起当初在联合国气候峰会的成功表现时，默克尔认为这几乎是她这辈子所经受过的最严峻的考验，但同时也是她迄今为止取得的最大的政绩之一，她说："我当上环保部长就遇上了 1995 年的柏林气候峰会，更要命的是，我们还是东道主。好在会议结束时形成了所谓的《柏林授权书》，在 14 天会议期间我赢得了与会者的信任，保证了大会取得圆满结果，我认为这是我最好的业绩之一。"

希望与挫折

柏林气候峰会上的成功让默克尔的自信心达到了顶点，就连如此重大的考验都难不倒她，还有什么事能挡住她前进的步伐呢？还真有。1995 年 5 月，由于入夏臭氧值超常，公众和反对党要求采取相应措施的呼声非常强烈，默克尔也想以夏季废气规定的制定来衡量自己在内阁里坚持个人环保政策的能力。

希望越大，失望越大，用这句话来形容默克尔这次在内阁会议上所遭遇的挫折再合适不过了。在内阁会议之前，默克尔与交通部长马蒂亚斯·维斯曼和经济部长京特·雷克斯罗德已对这一提案进行了磋商，结果是令人欣喜的，所以在内阁会议召开时，默克尔的信心很足。但是很快默克尔就发现自己所倡导的建议很难得到多数成员的支持，讨论中出现的反对意见使她陷入了孤立无援的境地。

维斯曼指出，因臭氧值增高而禁止车辆行驶或限制机动车车速这一举措，就连科研人员也不敢保证有效。他强调，如果真要采取措施也绝不能影响高速公路。雷克斯罗德也对默克尔禁止无催化装置机动车在臭氧值超标时上路的建议提出非议，他要求无论如何与经济和公务有关的车辆都不应该列入受管制的行列之内，否则整个经济就有可能瘫痪。

在这次会议上，几乎没有一个内阁成员是站在默克尔这一边的，在众口一词的强大压力下，就连科尔也不敢触犯众怒对她表示支持。当默克尔坚持要在夏季采取相应措施时，科尔表示，他理解生态环境的重要性和民众对环境的担忧，但他觉得，在夏季休假前仓促出台相应措施是不恰当的，而且就算要出台，主管部门还需要与议会党团进行细致的商讨才行。显然，默克尔还是有点儿太嫩了，她根本没有注意到这个问题。终于，她意识到自己的大胆提议已没有实现的希望，期望与现实之间的巨大落差使得她再也无法控制自己的情绪，当着所有内阁成员的面，泪水夺眶而出。

对于自己在那次内阁会议上的脆弱表现，默克尔至今还记忆犹新："长期以来，我面临了太大的压力，反对党整日喋喋不休，我必须赶在夏季来临之前把这个议题提到内阁的日程上去。不过很显然，科尔此前没太注意这个问题，但他问我是否与基社盟和自民党的代表，即米歇尔·格罗斯和赫尔曼·奥托·索尔姆斯商量过，而这两人恰恰是我唯一没有征求过意见的人。长话短说，维斯曼和雷克斯罗德的表现让我感觉自己像是落入了一个圈套，面对这种局面，一个男人会大声叫喊，而我只能流泪。"

默克尔当众落泪这件事不仅在波恩政坛引起不同寻常的反响，就连公众对此也是无人不知、无人不晓。有人说，女人最有力的武器是泪水，不管有意还是无意，默克尔的泪水推动了夏季废气规定的出台。就在此次内阁会议之后几天，默克尔与维斯曼和雷克斯罗德达成了妥协方案：当臭氧浓度超标时禁止无催化装置的汽车行驶，此规定不涉及有害物质低的柴油汽车、近途公交车、医生和医院用车及摩托车。与此同时，联邦州可以根据需要允许通勤车、度假及与经济运营有关的车辆不受此规定的限制。这一规定由联邦调解委员会进行了修改与加工，经过长时间谈判之后，终于还是出台了。

与核有关

如果说默克尔在夏季废气排放规定出台一事上所遭遇的只是小小的挫折的话，那么在 1998 年 5 月所爆出的核废料运输危机就是一颗足以断送默克尔前程的重磅炸弹，她几乎因这件事而引咎辞职，但生性坚毅的她最终还是顶住压力完满地解决了这一问题，使自己的政治生涯得以延续下去。

核能是一种让人又爱又恨的能源，对于如何使用核能，身为环保部长的默克尔始终坚持着自己的看法，她一直主张由本国自己解决核废料问题，包括最终埋藏。事实上，德国的核废料都是用卡斯特储罐车从巴符州运往下萨克森州戈莱本镇的储存中心进行集中处理的。对于这种运输方式，很多人持怀疑的态度，但默克尔的立场却很强硬，并且让这种运输方式一直沿用到1998年春季。

回顾当初在卡斯特运输问题上所持的强硬立场，她认为这是联邦环保部长根据法律所应履行的义务："这关系到原则，关系到法治国家的原则，凡是法律规定的，国家就必须执行。另外，我的基本信念是，和平利用核能是负责的态度，但我很清楚，如果核废料的处理受阻，核技术的应用也就无从谈起。"这就是默克尔坚持己见的原因，因为卡斯特运输实际上是当时唯一可靠的运输方式，如果不能沿用，那么德国的核事业就将彻底陷入停顿，在不久的将来，德国恐怕就要成为一个无核国家了。

可是，问题恰恰出在这里。1998年5月爆出消息，在卡斯特储罐运输的途中，已燃烧过的核废料出现了放射值超标的现象——重磅炸弹引爆了。这一消息甚至使德国民众陷入了恐慌之中，电视上日本遭遇核攻击后的惨状还历历在目，没有人愿意成为核辐射的牺牲品。在政坛，这一核污染事件的发生对于处在大选之年的政府阵营极为不利。绿色和平组织指责，不管是核电企业还是主管安全的部门都没有按要求履行监督职责。受到压力最大的正是默克尔本人，核废料储罐出现问题不仅对她始终力挺的核领域的可信度是个沉重打击，她自己也几乎在一夜之间名誉扫地。

面对危机，默克尔及时作出了应对。1998年5月21日，环保部要求立即停止核废料运输：停止在国内和向国外运输一切待处理的核废料，直至确定相应的安全措施万无一失，并保证不再发生核污染为止。紧接着，默克尔委托独立的设备与核反应安全协会对事故进行调查。默克尔的手脚实在很快，在仅 4 天后的 5 月 25 日，她就提出了核废料安全运输的 10 点措施，要求在能源供应规划中制订新的运输方案，实行放射值超标申报这个迄今为止尚未有过的制度。默克尔对联邦议院环保委员会指出，联邦州有权负责监控核发电企业的生产经营，比如对最容易发生污染的核废料装载过程进行严格检查监督，她要求核能企业尽快落实 10 点安全措施。

但是，仅仅作出这种程度的努力是不够的，默克尔很快体会到了众叛亲离的感觉。她邀请各联邦州环保部部长到波恩参加危机峰会，但很多州根本不把她的话当回事，只是象征性地派了司长一级的官员前来。默克尔很气愤，她的同行竟在联邦大选只剩几个月的时候抛弃了她，他们不肯助她一臂之力，也不肯帮她走出困境。与此同时，反对党要求她辞职的呼声也越来越强烈。在野党发言人菲舍尔言之凿凿地指控默克尔在 1998 年 4 月底才得知早就已经发生的核运输超标事故是极其严重的失职行为，并表示仅这一点就足以让她退位。当时社民党联邦议会党团的干事长彼得·施特鲁克也指出，默克尔应认识到她作为部长所应承担的责任，她必须毫无漏洞地说明，究竟是核电企业向环保部错报了信息，还是环保部明知危险却仍然批准了核运输项目。

默克尔还没有放弃，对上述让她辞职的要求给予了坚决回击。她说证明运输过程中是否存在违规操作并不在她的工作范围之内，那根本就是因为长时间没有向她及环保部通报核运输中辐射超标的核企业失职，而她和她的环保部的任务仅仅是向公众全面阐明事故的真相罢了。在这一风波烟消云散的几年之后，默克尔向媒体披露了当时的心境："我感觉自己被欺骗了，尤其是在他们（指那些核工业企业）对核储罐没有采取改进措施这件事上。当你对一件事负有责任，却又力所不能及时，那种感觉是很糟糕的，我相信恐怕每个人都曾有过这样的感觉。"

唯一能令默克尔感到有些安慰的是，科尔还是支持她的。但面对如此严重的问题，科尔也不得不强调，作为环保部长的默克尔应对核污染丑闻承担责任，但不是辞职。如果她在大选前几个月辞职，那就等于是主动承认所发生的一切都是她的过失，这对她是不公平的。

毫无疑问，在这件事上，运气又一次站在了默克尔这边。由于找不出默克尔对事故的直接责任，最终她还是克服了危机，保住了自己环保部长的职位。在公众和反对党不再要求她辞职之后，对她的指责主要集中在部长的监督作用不够，但主要责任应该由联邦州承担，是核能企业没有认真履行监督职能。当然，也正是因为默克尔熟知权限范围的划分，她才得以在此次危机中保全自己。

成绩不止一点

默克尔联邦环境部长的任期足可以用多灾多难来形容，先是上任未久就要被迫以东道主的身份来组织柏林气候峰会，然后又在夏季废气排放规定上遭遇滑铁卢，在 1998 年的核运输危机中，她甚至几乎断送了自己的政治前程。但即便如此，我们却不能就此认定默克尔是一个失败的环境部长，因为她在这种种灾难的夹缝中仍然作出了许多令人侧目的政绩。

1996年秋，默克尔主持设立的循环经济法正式生效了。这一法规旨在实行产品责任肇事者原则，目的是为了减少、再利用和按照环保要求处理企业在生产、市场经营和消费过程中产生的垃圾。默克尔想利用这一法规加强自己的职能和对企业的监管，对此她做了这样的诠释："企业生产出产品还不是任务的结束，它还须负责按环保规定处理垃圾，包括废物再利用。"

紧接着，在1996年9月，默克尔又向议会递交了关于改进土地保护的名为"保护土地改良和清理土地废物法"的法律草案。默克尔的目的是通过这条法律来规定土地和地产所有者对于按照法律保护土地，减少所属土地圈封现象，减少或避免由工业、道路和住宅建筑造成的污染的义务。这一法律的最终生效结束了多年来联邦、联邦州和行业协会之间的争论，无论是对于德国政府还是默克尔来说，这条法律的通过都是一个相当大的成就。

在解决了土地保护法的问题之后，默克尔又一次把自己关注的焦点集中在了气候保护的问题上。1997年4月，默克尔向内阁提议的由环保部完成的第二次国家气候保护报告是一个明显的信号。在这份报告中，默克尔严肃地指出，从1990年两德统一开始到1996年，有害于气候的温室气体二氧化碳在德国西部的大气中的含量升高了1.9%，但在东部却反而减少了43.6%。为了实现1995年柏林气候会议上提出的到2005年将二氧化碳排放量减少 25%的目标，默克尔要求参加柏林会议的各方人士进一步加强努力，否则这一目标将不可能完成。紧接着，在 1997 年 11 月召开的日本京都世界气候会议上，默克尔的态度和举止再一次表明德国愿意在环保问题上为国际社会作出好的榜样。事实上，大名鼎鼎的《京都议定书》就是在这次会议上通过的。《京都议定书》的备忘录中规定，大部分工业国家的温室排放量最晚至 2012 年要减少 5%—8%，欧盟国家减少 8 个百分点，美国减少 7 个百分点，日本减少 6 个百分点，总之工业国家平均要减少 5.2 个百分点。不可否认的是，默克尔对此实在功不可没。

时至今日，每当联邦议院讨论生态税问题时，那些老议员们就会对过去那位主张对汽油和取暖油收取生态税的女环保部长表达自己的敬意。他们每个人都承认，默克尔的眼光确实要比他们更加长远，她的主张甚至成了她之后历任环保部长的共同理念。默克尔相信，税收是发出合理使用有限能源信号的工具。1997 年，她在《法兰克福评论报》撰文：“今天的能源太便宜了，我认为应有目的地提高能源价格，包括矿物油、煤气和电。只有逐年增加税收比例，才有可能达到我们期望的环保政治导向效应。”

环境保护无论对于国家还是对于全人类来说，都是一件功在社稷、利在千秋的好事，默克尔在作为环保部长的任期内虽然没能像她就任时所期望的那样成就卓越，甚至可以用多灾多难来形容，但却没有人能否认默克尔在她的第二个同时也是最后一个部长任期内的确做了很多有利于国计民生的实事。

生命的第三乐章

沉浮

第十二章 / 基民盟总书记

没有人能够否认，德国前总理、基民盟前主席赫尔穆特·科尔是默克尔的"政治教父"，就连默克尔自己也不能否认。但是，再慈爱的父亲也有老去的一天，再高大的父亲也有倒下的一日。就在科尔强大的领导力逐渐衰退、他的统治逐渐出现裂痕的时候，默克尔顶了上来，真正按照科尔的期望成为基民盟的总书记和顶梁柱。

实权人物

有人说，默克尔涉足政治的偶然性就像那个时代的一个玩笑。但默克尔却不以为然，她从涉足政治那一刻起就没有把它当作一个玩笑。美国《新政治家》杂志这样探究默克尔："她的本能、她对男人的不信任、她对阴谋的嗅觉，在她 35 岁时柏林墙倒塌之际就已经形成了，甚至连她的事业似乎都遵循着一个非常个人化的五年计划。"

也许默克尔真的有这样一个个人的政治计划。

默克尔在成为基民盟党员后，曾这样解释自己表现积极的动机："我只是想推动重建……对我来说，有 3 件事在德国统一后变得清晰起来——我想要进入议会、我希望看到德国迅速团结、我支持发展自由市场经济。"

从她自述的这 3 件事可以看出，默克尔渴望着权力，以便实现她的政治理想。1990 年 12 月，默克尔当选为联邦议员，她做到了自己想做的第一件事，但这只是她个人计划的第一步。她知道，要想在政界有所作为，必须首先在自己的党团内赢得最高权力，然后才可能通过大选，进而获得政府权力。所以我们看到，即便默克尔后来已经在科尔的政府里担任了部长，她也没有停止自己在基民盟党内的攀升努力——虽然她在这个党内的资历是那么浅。

默克尔的"个人计划"进展神速。1991 年 12 月，加入基民盟仅一年的默克尔就当选为联邦基民盟唯一的一位副主席。这其中有她不动声色的努力，也有着这样的机遇：前任基民盟副主席德梅齐埃因为与前民主德国安全部门的关系问题被迫辞职，基民盟主席科尔对他的"小姑娘"十分认可与厚爱。

1993 年 6 月，默克尔又当选为梅前州基民盟主席，从而找到了自己的"领地"，拥有了真正的地方实力。

1998 年，社会民主党和绿党组成的"红绿联盟"赢得大选，科尔和基民盟对德国长达 16 年的统治结束了，而默克尔也失去了联邦环保部部长的职位，但却在党内赢得了新职位。

1998 年 11 月 7 日，在波恩联邦基民盟党代会上，科尔揉着湿润的眼睛把党主席的宝座拱手让给了朔伊布勒，自己则成为名誉主席，尽管他不喜欢这个多年来被他宣称是自己接班人的人。而默克尔早就看出科尔的统治已接近尾声，于是开始追随最有接班可能的朔伊布勒，并在其继任主席之后由他推荐担任基民盟总书记一职。与之前的副主席不同，这不是一个名义上的职务，而是在野党内少有的几个拥有实权，同时又是跨区域并且有脸面的职务之一，此时的她已经是基民盟党内真真正正的二号人物了。人们不得不承认，默克尔具有敏锐的政治嗅觉，她总是可以把前进的脚步踩在最合适的点上，就如同在做精确的化学实验一样。朔伊布勒说："与默克尔打过交道的人都知道，这是一位极富智慧的女性，她在从事政治中寻得快乐。她很有政治头脑，也有必要的政治铁腕；她既具野心，又十分谨慎，而且并不遵循波恩的老一套的行为准则以及沟通规矩。"

默克尔是能够给基民盟带来信心的正确人选吗？直到 2000 年 2 月朔伊布勒从党主席和议会党团主席的位置上退下来时，他依然认为："我相信，这一人选是我在位期间一个最成功的决定，对这一点，我从未后悔过。"

强强联合

1998 年 9 月 27 日，基民盟在大选中的失利是空前惨痛的，他们仅仅获得了 35.2% 的历史最低选票，而在 1994 年大选时，基民盟和基社盟组成的联盟党还能以 41.5% 的结果勉强与自民党组成联合政府。实际上，基民盟的这次失败并不是毫无预兆的，在大选之前几个月，不少党内有经验的政治家就已经预言，在这次选举中科尔必败无疑。

如果科尔垮台，什么人最高兴？毫无疑问，当然是基民盟内的二号人物、长期以来被视为科尔接班人的朔伊布勒。事实上，无论在什么地方，二把手这个位置都是最尴尬的，因为如果二把手没有实力，他的位置就会被人取代，可如果太有实力，又会遭到一把手的打压。当科尔最强盛的时候，朔伊布勒这个二把手自然要乖乖听命，但是现在明眼人都知道科尔的统治已经日薄西山，那么朔伊布勒自然要尽早为自己的上位做好准备。因此，有野心要接科尔班的朔伊布勒对大选问题再不敢掉以轻心，开始明显地将候选人问题作为关注的重点，为此还利用媒体造势。《南德意志报》上曾经刊登了一篇被科尔认为是散布朔伊布勒论调的文章，文章猜测科尔可能会辞职，同时还引用朔伊布勒的话："我知道，科尔听不进公开的，特别是朋友的建议，所以我也不给他出主意。"当然，这些假惺惺"忠实"于科尔的话要反过来理解，因为朔伊布勒心里明白，他扮演的角色越来越像等待继位的"查尔斯王子"，他等待得实在是太久了。

虽然科尔的统治已经摇摇欲坠，但是瘦死的骆驼比马大，朔伊布勒并没有一定能够取代科尔的把握，他需要找一个盟友，两个人强强联合才行，而他选择的正是默克尔。

关于科尔时代已近尾声这件事，政治嗅觉极其敏锐的默克尔当然不会被蒙在鼓里，她深谙变成在野党后普通议员须退居后排座位的危险。大部分曾担任过联邦部长的同事在政府更换后都痛苦地意识到，在日益年轻化的议会党团里，他们几乎起不到明显的作用，就连很有名望的魏格尔交出基社盟党主席的位子后也毫无例外地不再担任实职，并于2002年像科尔一样彻底退出联邦议会，于是默克尔果断决定开始追随接班可能性最大的朔伊布勒。

然后，让我们看一看朔伊布勒是怎样把潜力巨大但资历尚嫌不足的默克尔运作成基民盟内的二号人物的，顺便也看一看朔伊布勒的真正实力。除了科尔之外，朔伊布勒在党内最大的竞争对手是当年曾经担任过总书记并且推荐过默克尔担任副主席的吕尔。1998年大选失败后，朔伊布勒开始时还想利用吕尔的经验和在外界的威望让他担任一定的职务，当然朔伊布勒首先考虑的是，把党内这个唯一具有威胁力的竞争对手垂涎党主席一职的欲望扼杀在萌芽中。可惜的是，同样是政坛老手的吕尔并没有识破朔伊布勒的目的。

大选失败的当天晚上，尽管二人没被邀请，他们还是一起前往科尔的别墅，欲与科尔共同商讨如何走出政治低谷。朔伊布勒表面上的主张是让吕尔和默克尔两个人作为最有可能当选为总书记的候选人，他甚至还提议让吕尔担任新设置的党的第一副主席。在这段时间里，朔伊布勒刻意营造了一个在吕尔和默克尔之间二选一的局面。但实际上，吕尔是不适合再当总书记的，因为他在1989—1992年已经担任过基民盟总书记这个职务了，原则上他不想再出任此职。就这样，吕尔被朔伊布勒利用了，朔伊布勒利用吕尔的政治声望帮默克尔除去了其他的竞争者，让默克尔登上了总书记的位置。

朔伊布勒的选择

默克尔会选择搭上朔伊布勒这条船很好理解，因为朔伊布勒是除科尔之外最大的实权人物。但是，朔伊布勒又为什么要选中默克尔作为自己的政治盟友呢？朔伊布勒选择默克尔主要有3点原因。

首先，默克尔有作为朔伊布勒的盟友的资格。事实上，默克尔是德国政坛公认的极具潜力的政治家。这些年来，在科尔的扶植下，默克尔在两个部长任期内的表现也都相当出色，拥有相当大的号召力。与此同时，默克尔相对于其他那些党内大佬（例如吕尔）来说，毕竟资历尚浅，选择她做盟友不会对朔伊布勒本人的领导地位造成太大的威胁。

其次，朔伊布勒和默克尔都是由科尔一手提拔起来的，并且都急于摆脱科尔那巨大阴影的影响。默克尔在选举失败前就曾经对关系密切的记者说，基民盟中占优势的"老男人"必将被击败，不仅是科尔，还包括其他人。这个曾经被称作"科尔的小姑娘"的政坛女性几年以来一直都想证明自己，以摆脱提拔者的束缚。与默克尔一样，在这段时间里，比其他人更清楚科尔的功与过、素有"科尔体系"设计师之称的朔伊布勒也常常压抑着对科尔的不满，但外表上他对科尔还是一副忠诚老实的样子，像一位勤奋的大管家。

在当上党主席之后，朔伊布勒更加急切地想要摆脱科尔，这就使得他必须要借助默克尔的力量。偏偏这时候,男性杂志《花花公子》发表了对朔伊布勒的采访,朔伊布勒宣布他与多年以来的"政治教父"科尔已经友谊不再的消息,同时还让《花花公子》的读者知道,他认为科尔"政治上不巧妙",科尔不该在几年前就说自己是他的接班人,因为"在民主国家不应预先,而必须在适宜的时机才能作出人事决定"。他甚至表示:"我们,我和科尔属于政治上的两代人。"

第三,在此之前,朔伊布勒和默克尔之间的私交相当良好。学法律出身的朔伊布勒与学自然科学的默克尔在她做环保部长时就很合得来。更重要的是,两个人的政治观点也具有一定的相似性,他们在很多争议很大的问题上都能保持一致,比如在前面提到过的提高汽油价格和收取"生态税"这两件事上,朔伊布勒就是默克尔的坚定支持者。

这3点原因促使朔伊布勒选择了默克尔作为自己的政治盟友,而这一选择也的确帮助他顺利登上了基民盟党主席的位置,成为科尔在党内的替代者,至少在此时此刻,朔伊布勒是成功的。

第十三章 ／ 第二次婚姻

> 在这一章中，让我们暂时远离那些恼人的政治事件和尔虞我诈的政治风波，来了解一下默克尔的私人生活。虽然默克尔始终在公众面前着力于把自己营造成一个工作狂的形象，对于自己的私生活从来不愿意多谈，但是默克尔毕竟是一个人，而且还是一个女人，她不是一架政治机器，感情生活对她来说同样是必不可少的。

绍尔教授

人们常说，每个成功男人的背后都有一个女人；反之也可以说，每个成功女人的背后都有一个男人。那位站在默克尔的背后、用自己的温情无时无刻地默默支持着她的男人，就是她的第二任丈夫约阿希姆·绍尔。

绍尔比默克尔大 5 岁，也是民主德国人。1949 年，绍尔出生于萨克森州的霍耶斯维尔达，父亲是一名糕点师。与默克尔一样，绍尔也是一个不折不扣的读书天才，也一样没有继承父亲的事业。1967年，绍尔进入柏林洪堡大学读书，1972年取得化学硕士学位，同样也只用了5年时间。与默克尔不同的是，在取得硕士学位后，绍尔一直留在洪堡大学从事科研工作直到1976年，并在1974年获得博士学位，在这一点上绍尔可要比默克尔快得多了。离开洪堡大学之后，1977年绍尔进入科学院工作。1982年，已经成为量子化学权威的绍尔被民主德国化学协会授予弗里德里希·维勒奖。最终，1985年绍尔获得了教授资格，成为今天我们习惯于称呼的"绍尔教授"。

两德统一后不久，绍尔教授就获得了前往美国的机会：1990—1991年，他在加利福尼亚的圣地亚哥化学工业技术公司担任技术副经理。1993年至今，他在洪堡大学任物理和理论化学教授，重点研究量子化学。他属于在全世界范围内都很受欢迎的善于演讲的科学家，从维也纳化学—物理协会到佛罗里达的"赛尼伯尔量子理论研讨会"，到处都有他的足迹。

在前半生的经历上，绍尔与默克尔之间是那样的相似，这也许正是两个人最终能够走到一起的原因之一。与默克尔一样，绍尔同样有过一段失败的婚姻。1969年，也是在大学期间，他与一位同班女生结了婚。不像默克尔和乌尔里希，绍尔和她的第一任妻子结婚后育有两子——丹尼尔和阿德里安。他的前妻也是一位高级知识分子，拥有化学硕士学位，但是她因长年照顾孩子而没有出去工作，直到和绍尔离婚后才当了教师。最终，绍尔的第一次婚姻还是破裂了，1983年他与妻子分居，1985年离婚。

绍尔和默克尔是在科学院物理化学中心研究所相识并互相吸引、互相了解的。事实上，这对夫妻结为百年之好之际，二人已相识 17 年之久。既然早在绍尔的婚姻未曾破裂时，他就已经与默克尔相识了，那么难道绍尔的第一段婚姻是因默克尔的进入而破裂的吗？没有答案，因为与这件事有关的几位当事人是决不会回答这方面的问题的。不过可以肯定的是，绍尔曾帮助默克尔审阅并修改过她的博士论文。对此，默克尔十分感激，还在她的博士论文里专门对绍尔表示感谢，称他具有"批判性的眼光"。

两个人的世界

1981 年，默克尔结束了自己的第一段婚姻，之后便在科学院认识了绍尔教授。绍尔教授的婚姻同样是不幸的，1983 年绍尔教授离婚之后，两个在感情上失意的人便互相吸引，坠入了爱河。默克尔与绍尔教授相爱多年，也在一起共同生活了很多年，但是两个人一直没有结婚。要知道，默克尔所在的基督教民主联盟党与教会的关系是相当密切的，就连默克尔本人也是牧师的女儿，自然会有很多人看不惯她这种做法。1993 年，大主教约阿希姆·迈斯内就曾对《图片报》说："据说现任政府里有一位当部长的基督徒还过着未婚同居生活。"为此，默克尔还专程去拜见科隆大主教解释说："我之所以对结婚这件事持谨慎的态度，是因为我已经经历过一次失败的婚姻了。"

1998年，默克尔升任基民盟副主席，有人再次对她的身份以及她与绍尔的未婚同居提出质疑。据说当时的议会党团主席朔伊布勒劝过默克尔结婚，在这种情况下，默克尔终于结束了她与绍尔长达十几年的同居生活，两人正式结婚。他们事先没有通知任何人，甚至包括双方的父母。他们婚礼的全部内容就是在《法兰克福汇报》上刊登了一则仅有烟盒底座大小的广告："我们结婚了。安格拉·默克尔，约阿希姆·绍尔，柏林，1998年12月。"默克尔的母亲抱怨说，"结婚后的第二天，默克尔才在厨房漫不经心地告诉她'对了，昨天我结婚了'"。母亲的抱怨当然是有道理的，又有哪个母亲在得知女儿连结婚这样的大事都不告诉自己时不会心生抱怨呢？但是，默克尔就是这样一个在私生活方面极其低调的人，尤其是在她从政且成了公众人物之后。

结婚后，默克尔和绍尔教授没再打算生儿育女。2002年时，默克尔曾解释说："我并不是不想要孩子，只是没有成功。从政时，我已经35岁，也就不再提要孩子的事了。"不过她也说过："也许到70岁时我会后悔没有孙子，不过我也说不好。"现在默克尔和绍尔及其与前妻的两个孩子一起生活。

默克尔和绍尔教授，一个是政治家，一个是科学家，夫妇俩各干各的，都属于各自行业中的佼佼者，行事风格虽然大相径庭，但在生活中却非常恩爱。有时人们会见到夫妇俩在柏林市中心的"博夏特"饭馆吃饭，这是一家以煎肉排为招牌菜的餐馆。在饭馆里，通常是默克尔滔滔不绝地讲，绍尔教授则默不作声地倾听。

绍尔教授喜欢安静，默克尔就经常陪他去郊外远足。亲友回忆，绍尔教授喜爱安静简直到了偏执的地步，他的两个儿子在家时必须穿着毛线织的厚袜子在地上走，以免发出声音吵到自己的父亲。还有一件事，2001 年 8 月 16 日绍尔教授住所对面的贝加蒙博物馆外露天上演完克莱斯特的话剧"阿姆菲特利奥"之后，绍尔教授向中心区环保局投诉这次演出发出了过大的噪声。结果，演出组织者被警告，并要求以后演出时要测试噪音量。

每到周末，默克尔还会露一手厨艺让丈夫品尝。默克尔的拿手菜是"一锅烩"和"炸猪排"，还有各种方法烹调的鱼肴。她曾对人夸口："我做肉卷也很拿手，还爱做土豆汤和鸡汁汤。""我还爱烤蛋糕，谁都说好吃。"曾有一位电视节目主持人拿给默克尔一张她先生的照片，默克尔笑着说："是呀，一个不错的家伙。周末有空的话，我俩就会去我们在滕普林的寓所度假。在那里，我做饭，他讲述他的科研，这是我们二人世界的一部分。"

当上总理后，默克尔在接受德国《明镜》周刊采访时称："尽管我将面临许多重大责任，但我会继续做土豆汤并过一种正常的生活。总理职务不会改变我的生活。"总理职务当然也不会改变她与绍尔教授的二人世界，因为他们已经这样过了很多年了，而且过得很好。

作为总理的丈夫

默克尔成为德国新一任总理，绍尔教授也"夫以妻荣"，成为德国首位"第一先生"。但是在生活中，绍尔教授对自己这一身份的变化却没有表现出任何兴奋之情，仍旧保持着一贯的低调风格，就好像自己的妻子只是一个普通的家庭主妇一样。

在德语中，"绍尔"有"坏脾气"或"生气"的意思，但绍尔教授显然没有这么张狂，他平日沉默寡言，不喜欢在公众场合露面，对媒体的采访也敬而远之。无论默克尔是当上了部长还是基民盟主席，绍尔教授一直避免成为焦点人物，就连成了总理的丈夫之后也不例外。

外界能看见他们夫妇俩公开露面，大多是在一年一度的拜罗伊特音乐节上，因为夫妇俩都是歌剧爱好者。而在走过音乐节红地毯时，绍尔教授的形象却总是一成不变，每次都是穿同样的礼服、同样的鞋，就好像这套衣服是专门为参加音乐节准备的一样，当然，他的脸上也每年都带着同样的不太情愿的表情。德国《明星》杂志写道："默克尔挥手向人群致意，而绍尔只是直视前方。即使在随后的招待晚宴上，他也从不多说一句话，客人得到的答案只有'是'或'不是'。"正因为如此，绍尔教授甚至在媒体那里得到了一个"歌剧院魅影"的绰号。有一个专栏作家挖苦道："默克尔的丈夫对于出席公众场合太过吝啬，以至于人们还以为默克尔是单身。"

身为大学教授的绍尔对于自己在学校的活动也严加保密，任何记者都不得进入他的课堂。有些记者登录绍尔的个人网站，想找到些新闻材料，却大失所望，因为绍尔的个人网站上除了他的出生年月以及公开发表的著作或论文的目录外，别无他物。就连他的同事也在绍尔的叮嘱下守口如瓶，不透露一点儿他的私人信息，每次只是说："他是量子化学研究的权威。"据德国媒体说，如果有学生告诉记者任何关于绍尔的信息，就将面临被开除的危险。不过，还是有"胆大"的学生透露，绍尔是一名非常严厉的教授，禁止学生在课堂上携带食物和饮料。当然，透露这样的"细节"，绍尔教授是不会在意的。

绍尔这样解释他的低调作风："我的工作和默克尔在政坛上的工作没有任何关系，所以我也不愿意成为公众人物。"在默克尔当选总理的那天，绍尔没有出现在议会选举现场见证妻子那历史性的一刻，而是通过电视观看。默克尔对电视台记者这样为丈夫辩护："像今天这样的日子，每个人有不同的对待方式，但是我的丈夫为我感到高兴。"

尽管在许多人看来，绍尔教授只对他的科学研究感兴趣，但实际上，他并不是个单纯的书呆子，他对默克尔所起的政治影响可能比外界了解的多得多。默克尔自己也说："有人说我丈夫作为我的私人政治顾问一点儿不起作用，这根本不符合事实。"当然，由于夫妇二人都从来不愿意多谈这方面的事，所以关于具体的情况外界就不得而知了。

绍尔教授虽然为自己的妻子自豪，但他自尊心很强，绝不愿生活在妻子的阴影之下。一次，自民党主席古伊多·维斯特维勒跟他打招呼：

"您好，默克尔先生！"绍尔听到后十分生气，认为这个错误不可原谅。默克尔当然也非常尊重丈夫，并不要求绍尔充当全职的"第一先生"，她说："我丈夫是一名化学教授，也是一名出色的研究人员。自然，他想继续他的工作。我们十几年来一直争取男女平等权利，如果我要求他放弃工作，那就太荒谬了，我不会要求他这么做的。"有趣的是，默克尔曾经说过："如果我的丈夫在南非得到一个教授职位或研究课题，我会义无反顾地跟着去，把政治撂在一边。"从中可以看出默克尔对绍尔的爱有多深。

第十四章 ／ 别了，科尔

> 毫无疑问，科尔领导下的基民盟是强大的。但是，连续在大选中获胜可以掩盖问题却无法真正解决问题。现在，科尔败了，也老了，那些曾经被掩盖起来的问题也到了爆发的时候。不破不立，对于踩着科尔的足迹继续前进的朔伊布勒和默克尔来说，这未尝不是一件好事。不过，对于伟大的政治家科尔来说，真的到了该说再见的时候了。

风暴来袭

虽然对于默克尔来说，基民盟总书记这个职务来得着实不易，但实际上，默克尔在这个位子上待的时间并不长，只有 17 个月。

虽然默克尔在 1998 年大选之后就已经交卸了联邦内阁部长的职务，但是她在当总书记的前 12 个月内，工作仍然是极其忙碌的。这种忙碌毕竟是有条理、有计划的，但是"献金丑闻"的爆出把一切都搅乱了。

1999 年 11 月 5 日，奥格斯堡地方法院对 1971 年至 1992 年担任科尔财务主管的瓦尔特·莱斯勒·基普发出逮捕令，基普被怀疑在 1991 年从不久前逃到加拿大的院外游说者卡尔海茨·施莱伯那里收了 100 万马克贿赂金且没交税，这笔钱又与向沙特阿拉伯出售装甲车和购买空中客车的生意有关。被捕之后，基普招认这 100 万马克并没有进入他自己的腰包，而是作为捐款给了基民盟。

这是一个巨大的政治丑闻，连续执政、在民众眼中形象极好的基民盟竟然在地下有着如此肮脏的黑金交易。但是，令任何人都没有想到的是，这桩丑闻只不过是接下来将要发生的巨大政治风暴的一个小小前奏而已。

接下来，献金案的具体细节暴露得越来越多，一个个被揭发出的丑闻如雪崩一样向基民盟袭来。媒体当然不会放过这种绝佳的新闻素材，于是他们开始大造声势，基民盟的形象一时间跌到了谷底。

基民盟首先公布了独立经济调查人关于施莱伯 100 万马克没有进入基民盟账户的调查结果，但是关于科尔在任党主席期间有一个不透明账户的猜测却甚嚣尘上。到了 1999 年 11 月 26 日，就连曾经在基民盟内极有权势的元老级人物海涅·盖斯勒都开始出来爆料，他说："除了联邦一级的正常预算外，党内还有其他账户，并且这些账户只由党主席和财务主管负责。"这一次是由科尔时代级别最高的政治家所作出的指控。科尔终于支持不住了，1999 年 12 月 16 日，他在接受德国电视二台采访时终于承认自己多年来在接受对党的捐款问题上犯了"错误"：他曾在 1993—1998 年违背政党捐款法受理了多达 150 万—200 万马克的款项，但他拒绝说出捐款人的姓名。

男人之间的战斗

默克尔是否也会因为这一次的政治风波而受到牵连呢？事实上，对于默克尔来说，这不仅不是一场灾难，而且还是一个提升个人形象和政治影响力的绝佳机会。献金案揭露的是 1991 年的事，可那个时候默克尔还是一个不折不扣的政坛新人呢！那时候的她连参加黑金交易的资格都没有，案子再怎么查，也不可能查到默克尔身上。于是在接下来的几周和几个月里，默克尔利用每一次集会的麦克风，以两袖清风的形象出现在公众面前，并且以铁面无私的态度宣称一定要把献金案查个水落石出，而她的矛头所对准的正是她曾经的"政治教父"——赫尔穆特·科尔。

1999 年 12 月 22 日，默克尔在《法兰克福汇报》发表了一篇足以载入基民盟史册的署名文章，因为这篇文章彻底摧毁了朔伊布勒与科尔的关系。默克尔在这篇文章中指出，科尔时代已经一去不复返了："党必须学会自己走路、学会自信，在将来，即便没有像科尔这样的老战马（他经常喜欢这么称自己），也能与政治对手战斗。我们的党要像青春期的少年一样，离开家走自己的路。"在文章中，默克尔清楚地提到"科尔承认的这些事"给党带来了损失。针对科尔对捐款人承诺的"誓言"，她写道："如果在法律规定范围内对一件合法的事情信守诺言还可以理解，反之就不可思议了。"这是对科尔严守捐款人秘密行为的最严厉批判。

从这篇文章的见报过程中，我们可以看出很多有意思的内幕。事情是这样的，12月21日，默克尔亲自给《法兰克福汇报》柏林议会编辑部20多年来一直对基民盟进行报道和评论的卡尔·菲尔德迈耶打电话，说她可以就丑闻写一篇文章，也愿意接受采访。考虑到该报很少全文发表采访文章，菲尔德迈耶同意刊登默克尔的署名文章。文章显然是早就写好的，因为电话刚放下5分钟，文章就用传真发来了。这一细节说明，这篇深入分析基民盟历史的文章并不是因偶然事件，更不像有人估计的那样是应《法兰克福汇报》约稿写的，而是作为基民盟总书记的有预谋的行为。

更重要的是，写这篇文章时，朔伊布勒接受过至少10万马克捐款的事还未公布于众，而默克尔却是知道这件事的，也明白这是件十分损害朔伊布勒名誉的事。朔伊布勒事后证实：默克尔写这篇文章的时候根本没有通知他，他"完全不知情"。朔伊布勒说："我给默克尔打电话，告诉她我很吃惊，而且对她事先不与我打招呼就发表文章感到诧异和不解。"科尔对朔伊布勒的说法不以为然，他认为："朔伊布勒说不知道写文章一事，简直不可思议。"就这样，默克尔的这篇文章彻底把科尔和朔伊布勒这前后两位基民盟主席推到了斗争的对立面上，而她自己则可以从中渔翁得利。

默克尔发表在《法兰克福汇报》的文章引发的结果是，此前在联邦德国历史上从没有过两个男人像科尔和朔伊布勒这样如此公开和不讲任何形式地解除友谊。相比之下，施罗德和卸下社民党主席职务的拉封丹之间的争斗可谓小巫见大巫。

科尔和朔伊布勒之间充满感情色彩的争战，还把两个对手间的敌意带到了德国图书市场。当科尔听说朔伊布勒要把他对"献金案"了解的情况出书发表时，马上加紧出版他的《我的日记：1998—2000》。两个昔日莫逆之交的争论不再从理智出发，而变成尖锐的感情化大论战。2000年1月18日，不在现场的科尔得到联邦基民盟理事会和基民盟主席团的通知，要求他在说出捐款人姓名之前暂时不再担任基民盟名誉主席的职务，然后他在当天就宣布辞去基民盟名誉主席一职。

　　科尔，这位几乎统治了德国整个20世纪90年代的政治巨人终于倒下了。不过，他的对手朔伊布勒也没有坚持多久，由于他的政治形象在与科尔的那场旷日持久的论战当中遭到了毁灭性打击，他的下台也已经是不可避免的了。2000年2月16日，朔伊布勒终于在基民盟／基社盟议会党团面前提出辞去党主席和议会党团主席的职务。在辞职前，他语重心长地说："基民盟处于历史上最严重的危机中。"

　　默克尔距离基民盟主席的位置已经不远了。

第十五章 ╱ 领袖的滋味

> 默克尔终于圆了自己的基民盟党主席之梦。圆梦的感觉当然是美好的，但是在享受过这美好的一刻之后，默克尔就要面临更大的挑战了，因为就从她尝到领袖滋味的那一刻起，不会再有人像埃佩尔曼、克劳泽和科尔那样扶植她、帮助她。

别无选择

朔伊布勒在辞去基民盟主席的职务时曾经语重心长地说："基民盟处于历史上最严重的危机中。"诚然，在献金案和其后的科尔与朔伊布勒之间的大论战中，基民盟其实已经元气大伤。在这个时间点上，这个德国历史上最成功的政党正急需一个可以站出来收拾局面的人，他们已经别无选择，虽然他们唯一的选择正是造成今日局面的罪魁祸首之一，每一个人都明白其中的利害和关键所在，所以《明星》杂志用"统帅女士，请您接管！"这样的话来做标题也就不是一件让人感到意外的事了。在从政 10 年之后，默克尔终于可以尝一尝当领袖是什么滋味了。

发生在科尔与朔伊布勒之间的那场惊天动地的战争是默克尔一手挑起的，而现在，她更愿意站出来填补这两位可怜男士离开后所留下的空白。当然，在这样一个民主的时代，就算全世界所有人都知道默克尔将会成为基民盟主席，将会成为拯救基民盟的那个人，但是在她真正达到自己的目的之前，还是要经过一场合法的选举的，无论这场选举的结果多么一边倒都没关系。在争当基民盟主席的道路上，默克尔的两个名义上的竞争者是吕尔和吕特格斯。吕尔曾经当过国防部长，也当过基民盟总书记，而吕特格斯则是北莱茵—威斯特法伦州（简称北威州）的基民盟党主席。

这两个人根本不可能是默克尔的对手，因为吕尔受基民盟献金案影响，刚刚在石勒苏益格—荷尔斯泰因州（简称石荷州）的选举中失利，因而声望大损。而吕特格斯正面临北威州基民盟州主席的竞选，他根本没有多余的精力来理会这场注定会失败的选举。第一个站出来推举默克尔的是下萨克森州在野党领导人克里斯蒂安·乌尔夫。在地区联席会议上，同意默克尔做候选人的呼声同样十分高涨。

就这样，默克尔在 2000 年 4 月 10 日召开的埃森联邦基民盟党代会上获得了 935 张选票中的 897 张，以巨大的优势毫无争议地当选为基民盟党主席。默克尔的当选同时也创造了历史，成了德国历史上第一位女性党主席。"默克尔克服了一个又一个阻力，有时大张旗鼓，有时悄然无声。"菲尔德迈耶在《法兰克福汇报》一篇文章中这样总结了默克尔走过的路。时事评论员戴特灵在《日报》提出了默克尔究竟是"清除废墟的妇女还是救世主"的问题，并预言，随着默克尔的当选，"科尔的权力正在毁掉，科尔时代将一去不复返了"。

当选后的默克尔马上开始组建属于自己的新一届领导班子。根据默克尔的提名，明斯特地区联邦议员鲁普莱希特·波伦茨以 781 票当选为总书记，一直担任副主席的吕尔继续留任，默克尔的前任朔伊布勒仍为 7 名主席团成员之一。与此同时，根据默克尔的建议，原德意志银行监视会成员乌利希出任财务主管，事后证明这个人选是一个错误的决定，因为他不具备政治经验，且在在位不长的时间里一直不了解党的本职工作是什么。

在埃森党代会上，志得意满的默克尔还曾礼节性地对缺席的前任党主席科尔表示问候。不过对于科尔来说，这一刻当然是十分沉重的，因为这是他 40 年来第一次缺席基民盟党代会。

更大的挑战

在埃森党代会上，默克尔终于圆了自己的基民盟党主席之梦。圆梦的感觉当然是美好的，但是在享受过这美好的一刻之后，默克尔就要面临更大的挑战了，因为就从她成为基民盟领袖的那一刻开始，不会再有人像埃佩尔曼、克劳泽和科尔那样扶植她、帮助她，那些她原本只能在电视中才能看到的叱咤风云的政治家将唯她马首是瞻。现在，她只能靠自己了。

连默克尔自己也承认，她的党主席之路并没有一个顺利的开端，这其中一个重要的原因是，在2000年5月14日那场异常重要的北威州议会选举中，基民盟又一次失败了，他们的地盘仍在萎缩，这一事实说明献金案造成的影响依然存在，进而导致一部分基民盟的忠实选民放弃了自己的投票资格，因为他们实在对自己所支持的政党感到失望。默克尔有些无奈地发现，自己在埃森党代会上取得的胜利并没有像期望中那样帮基民盟立即止住颓势。

此外，默克尔当上主席之后，她所领导的联盟党在税收改革问题上低估了联邦总理施罗德和财政部长艾歇尔的巧妙策略，在计算上出现了相当大的偏差。在联邦参议院内，联盟党执政的州席位虽然占多数，但一些州被联邦政府收买导致税收改革方案通过，施罗德和艾歇尔向基民盟新参与执政的联邦州（不莱梅、柏林、勃兰登堡州）做了专门承诺，致使这些州从拒绝税收改革的立场转变为支持的态度，由社民党／民社党执政的梅前州和以社民党／自民党联合执政的莱法州尽管存在不少顾虑，但也对税收改革表示了同意。就这样，联盟党在参议院投票上闹了个灰头土脸。至此，党内原有的乐观主义气氛不复存在，不少人都开始怀疑默克尔究竟是不是那个可以拯救基民盟的救世主。

同样也是在税收改革这件事上，默克尔与议会党团主席迈尔茨的关系恶化到了不可挽回的地步。联盟党本来信心满满地想用联邦参议院内的表决失败给政府点儿颜色看看，但联邦议院和联邦参议院共同组成的调解委员会已于 2000 年 7 月 14 日联邦参议院表决前作出决议。默克尔作为党主席，在税收改革问题上能起的作用十分有限，因为政策的实际执行是由议会党团主席迈尔茨负责的，而在内容上，在州一级进行协调则属于巴伐利亚州州长施托伊伯的分内事。

事实上，默克尔更倾向于采取与政府合作的战略，但如果基社盟持强烈反对态度，联邦议会党团又进行阻挠，默克尔这个党主席也无力抗拒，现在联盟党对于税收改革的反对没有成功，迈尔茨自然要为此负责任。

于是，默克尔因为这件事狠狠地训斥了迈尔茨一顿，使得迈尔茨怒火中烧。针对迈尔茨采取的策略和行动，默克尔还提出警告："基民盟在今后应特别注意正确估计自身力量的问题，我不希望再看到这种丑事发生！"

更令默克尔郁闷的是，她领导下的基民盟在各州的地方选举上迟迟取得不了进展。2001 年 3 月 25 日，巴符州和莱法州的地方选举并没给联邦基民盟带来突破性进展。虽然基民盟在巴符州取得了得票率为44.8%的好成绩，增长了3.5%，这是"献金案"丑闻以来基民盟难得的进账，但实际上，这主要是备受爱戴和信任的州长艾尔温·托伊费尔的个人功劳。莱法州的选举也不能使人感到其对联邦基民盟有所推动。政绩平平、在日常工作中主张强硬处世哲学的基民盟候选人克里斯多夫·博尔与受公众欢迎、潇洒开放的州长库尔德·贝克（社民党）相比，在参选人数减少的情况下显得大为逊色。在这个昔日基民盟老巢、科尔曾担任领导多年的莱法州，基民盟得票率仅为35.3%，这无疑令默克尔大失所望。

几个月后的2001年6月16日，迪普根及其柏林基民盟由于社民党、绿党和民社党提出的不信任案而退出柏林市政府，新的选举定于2001年10月21日举行。在党内酝酿参加柏林议会的竞选者时，默克尔再次受挫，她经过再三考虑，正式提名朔伊布勒为候选人。默克尔的想法是，只要能将朔伊布勒调到柏林市工作，那么他就再也不可能在联邦一级的政治舞台上给她添乱了。但是，人们显然还没有忘记他在一年多以前都曾经做过些什么，在柏林这位前任基民盟主席显然得不到更多的信任和支持。另外还有一个人阻挠了默克尔如意算盘的实现。哪里有朔伊布勒，哪里就有科尔，科尔利用自己残余的政治能量在幕后操纵，使柏林企业家弗兰克·施泰弗成了候选人，从而阻止了朔伊布勒的提名。就这样，在2001年10月21日的选举中，基民盟在柏林的选举减少了17个百分点，降至23.8%，这一毁灭性的打击对默克尔来说真是祸不单行。

默克尔的总书记

2000 年 10 月，默克尔决定推翻自己 5 个月前的人事任命，她事先没打招呼就把总书记波伦茨叫到办公室，并且向他宣布了辞退决定。默克尔想要一个在实质问题上与她完全保持一致且不太影响到她个人风格的人来做总书记，而波伦茨显然并不符合她的要求。事实上，默克尔在升任党主席之前所担任的正是总书记这一职务，但是她在升迁的时候却把当总书记时的全套秘书处班子一起带走了。就这样，可怜的波伦茨在上任后不得不十分吃力地重新组建整个总书记的秘书处系统，这使得他苦不堪言。女记者苏萨娜·赫尔这样评价波伦茨："善于思考的波伦茨不是好斗的人，不会在各种形式的政治作秀中赢得什么，但相比之下，他是一个值得信任的总书记。"但很显然，默克尔并不会因为媒体的评论而改变自己的决定。

令人惊奇的是，波伦茨本人对于自己被免职这件事好像并没有感到难过或难以接受，他是笑着接受默克尔将他免职的决定的，因为这让他有一种如释重负的感觉。波伦茨说他至今仍与默克尔关系很好，并没有生她的气。

默克尔解除波伦茨的职务导致基民盟总书记这个位置空了出来，鉴于这个职位的重要性，默克尔需要尽快再找到一个合适的人选才行。于是，基民盟准备于 2000 年 11 月 20 日在斯图加特召开党的联邦委员会会议。联邦委员会会议被视作"小型党代会"，这个会议的职能是可以临时委任总书记并让其工作到下一届联邦党代会召开。

至于下一任总书记的人选问题，默克尔将目光瞄准了劳伦茨·迈尔。迈尔当时的职务是北威州的副州长，此前他曾担任过北威州州议会党团主席，但在吕特格斯成了北威州反对党领袖后，迈尔就被迫把州长的位子让给了他。默克尔之所以选中迈尔自然有她的考虑，她不想让一个有实力的联邦政治家坐到这个位置上去，因为她害怕有人会效仿她的做法，走她走过的那条路。

在斯图加特会议上，迈尔获得 100 票中的 99 票，成功当选为基民盟的临时总书记。这位北威州人在斯图加特开会时强有力的发言十分引人注目，显示出他与带着鲜花辞职的前任波伦茨是完全不同类型的人。迈尔呼吁"必须解除人们的忧愁"，形容红绿联合政府在"欺负百姓"。他强调："我们不必跟着酒馆里的那些人说一样的话，但我们必须让这些人理解我们的话。"为了使党内朋友兴奋起来，他最后说道，"老百姓可不愿意总是看到一些愁眉苦脸的人"。成功当选之后，迈尔满心喜悦地试图把胳膊搭在党主席默克尔的肩膀上，但向来习惯于与人保持身体距离的默克尔可不喜欢他的这种举动，就像她不喜欢别人议论她的外观一样。就这样，迈尔碰了个钉子，当然他是不会在乎这些小事的。

从迈尔在斯图加特会议上的种种表现来看，他是一个性格活跃、精力充沛且不拘小节的人。这样的一个人成为基民盟的总书记，马上就为原本死气沉沉的基民盟带来了一抹亮色。

但是，迈尔并不是一个非常成熟的政治家，他在州里任职时可以说是驾轻就熟，但是到了总书记这种联邦一级的职位上，就明显地感觉有些不适应。当上总书记的第一步，他本想让基民盟与民社党解除那种"扭曲的关系"，结果却在基民盟党内引起愤怒，他感到自己被误解，以报道失误为由驳回了对他的所有指责。

迈尔很快懂得，作为总书记，每说一句话都须字斟句酌，他曾因一则标语选词不当而引起舆论一片哗然。那是在 2001 年 1 月 23 日，他为基民盟设计了一幅风格类似通缉令的标语，标语上指责联邦总理施罗德搞了"一系列养老金骗局"，这不但惹恼了联合执政的红绿政府，也招致本党和自民党的谴责。在一片反对声响起之后，这条标语被迫在挂出的第二天被收回。迈尔茨评论这件事说："迈尔搞过一系列好的活动，但这次有些过头了，然而一位总书记犯一次错误也是允许的。"标语事件后，迈尔的好斗兴头大为收敛。

总的来说，迈尔算得上是一个相当不错的总书记，他在自己的 4 年任期内的确为基民盟作出不少贡献。但是，他也同样创造了一个纪录——他成了基民盟历史上第一位因丑闻下台的总书记。2004 年 12 月 22 日，迈尔因领取曾供职过的德国电力公司的佣金和补贴一事而被迫引咎辞职。

关于政治主张

　　错误的人事任命、影响力不足、党团在参议院遭遇挫折，默克尔刚刚尝到领袖的滋味就遭遇了一连串的打击。当然，对于困难，默克尔并不畏惧，因为她早就做好了这方面的心理准备，但是对于不久之后所遭到的另外一项指责，她就忍不下去了，因为竟然有人说她缺乏鲜明的施政特点。

　　你可以不认同她，你可以认为她还算不上一个真正成熟的政治家，但你绝不能指责她缺乏理想和对治理国家的见解，要知道，默克尔正一心想成为基民盟历史上最成功的改革者呢！所以，当人们指责默克尔的施政缺乏特点的时候，她感觉自己受到了侮辱，她一定要作出回击。于是，2000 年 11 月 18 日默克尔在《法兰克福汇报》发表了一篇题为《我们的社会——关于新社会市场经济的必要性》的文章。在文章中，默克尔首创了"新社会市场经济"的概念。默克尔认为，社会市场经济必要的转型过程中存在着 3 个最大问题：一是雇主与员工之间的劳动关系应适合当前全球化的要求；二是社会保障体系须建立在平衡的财政基础之上；三是德国市场经济和社会政治的视角应超越本民族的范围，以能够在紧密相连的世界经济中长久生存。

　　文章指出："社会市场经济解决了工业社会中资本与劳动之间的矛

盾，但劳动性质在知识社会发生了变化，故要求对劳资双方伙伴关系的准则进行变更。德国的社会保障体系仅仅是将附加工资与劳动成本费用相挂钩，因此有必要在更广泛的基础上建立社会保障体系。面对新经济的国际特性，我们除了要考虑建立本国的还应考虑建立国际的行为准则，本民族的规定在许多方面显然已经不够用了。"

在具体解释其立场时，默克尔主张，企业员工可以选择股份形式更多地参与企业生产资本；扩大交通、能源、电讯领域的私有化程度；开发更加自由的劳动力市场。她还主张把自愿的、收支平衡的预防保险作为法律养老保险的补充支柱，主张拓展医疗领域各种保险选择的可能。她要求加大对德国教育系统的投入、对社会弱势家庭提供补贴。她说："在制定财政政策、经济政策和社会政策时，我们需要持续性，只有这样，今后几代人才能过上与我们相比更理想的生活。"默克尔坚持认为，她的提法既不是布莱尔代表的"第三条道路"方案，也不是1998年施罗德在大选之年为解决德国福利国家的现实问题而提出的"新中间道路"纲领。

也许默克尔从未这样痛快淋漓地对人说起过这些事，但这一次，她在文章中把自己在国民经济上所有的独到见解全都抛了出来。

虽然默克尔的这些长篇大论看起来很吓人，但是那些质疑她的人也并非等闲之辈。很快就有人提出，在2000年11月默克尔是无法使人们相信"只有新社会市场经济才是让时代的变化为人服务的有效制度"的，还有人拿默克尔所发明的这个新概念的名字来做文章，说她把联邦德国民众熟悉并极为崇尚的"社会市场经济"概念改称为"新社会市场经济"

的这种做法从传媒策略上看可不怎么巧妙，因为"新"并不一定让人直接感到是好的东西或有支持价值，也可能会唤起威胁和恐惧感。他们还讽刺她说，如果她给自己的理论换一个更好听一点儿的名字的话，也许就会有更多人愿意相信她。

默克尔可不管那么多，她既然已经提出了自己的主张，就一定要想方设法贯彻下去。于是在接下来的2001年，为了不受任何干扰维护这一新社会市场经济方案，默克尔成立了以她为首的基民盟理事委员会。默克尔的手脚一向是很快的，2001年8月27日在她的主持和推动下，一份内容广泛的新社会市场经济讨论稿出炉了。讨论稿在公布3个月后没做什么原则性修改，就于2001年12月在基民盟德累斯顿党代会上被通过，并正式作为基民盟纲领的一部分。

从这件事的发展上来看，默克尔推动自己主张的进程似乎是相当顺利的，但就在这时却从巴伐利亚州姊妹党基社盟那里传来了反对的声音。基社盟秘书长托马斯·戈佩尔为了缓和姊妹党之间的关系而解释说，默克尔负责的这个讨论稿，目的不是发明新的市场经济，恰恰相反，是在社会市场经济基本原则上增加新的、具有现实意义的元素，这个讨论稿的正确表述应为"新补充的社会市场经济"。

第十六章 ／ 总理候选人

> 成为基民盟主席是默克尔的最终目的吗？当然不是。恐怕没有任何人在坐上这个位置之后会心满意足进而裹足不前，并最终停在通向联邦总理宝座的终点线前。现在，成为联邦总理的机会摆在了默克尔的面前，但是她仍然有很长的路要走。

支持与争论

成为基民盟主席是默克尔的最终目的吗？当然不是。恐怕没有任何人在坐上这个位置之后会心满意足进而裹足不前，并最终停在通向联邦总理宝座的终点线前。这就好比你打一个总共有 10 关的游戏，你当然没有理由在打通了前 9 关之后放弃尝试最后的第 10 关。默克尔的最终目的当然是总理。所以从某种程度上来讲，基民盟主席这个职位对她来说也只不过是一个跳板罢了。

现在，成为联邦总理的机会摆在了默克尔的面前，但是她仍然有很长的路要走。要想走完这最后一程，默克尔需要赢得足够多的支持，但现在她需要专心面对的却是那些似乎无休无止的争论。

2002年的大选临近了，默克尔领导的联盟党内推举出了两位候选人，一位自然是默克尔，另一位则是现任的巴伐利亚州州长施托伊伯。但是，当2001年2月1日基民盟/基社盟议会党团主席迈尔茨表示，除了默克尔和施托伊伯以外他也可能作为总理候选人（议会党团主席作为这一候选人是很自然的）的时候，所有联盟党人都开始不知所措，因为他们发现自己竟然不知道该去支持谁。

默克尔所得到的支持并不足够，这一点在很多地方都看得出来，比如在关于出兵马其顿这件事上。事情是这样的，马其顿的阿尔巴尼亚族武装部队与当地安全部队之间发生武力冲突，欧盟和欧安组织进行调解之后，这一地区才开始进入和平进程。对于应如何处理这件事，2001年8月29日联盟党议会党团内部出现了分歧：68名议员违背联盟党领导的意愿拒绝对马其顿进行武装干预，尽管议会党团主席迈尔茨与默克尔同心协力阻止，但这些议员并没有改变投票立场。默克尔还背上了致使意见不一的罪名，因为她接受联邦总理的邀请参加了高层领导人会谈。对此，议会党团强烈批评默克尔干预议会党团事务。迈尔茨作为议会党团主席越来越自信地表示："议会党团的主要作用是帮助党处理具体问题，从这个意义上说，议会党团是职权部门，是全党的发动机。"这本应是联盟党的"家务事"，但却被某些别有用心的人捅了出去，于是报纸上提出了"谁还支持默克尔？"这样的问题。对于这个问题，甚至连默克尔自己都没有答案。

确定参加 2002 年大选的总理候选人，这毫无疑问是当前联盟党内的头等大事。事实上，只要这个人选一天不能确定下来，联盟党内就会始终争论不休。可以看出，默克尔此时真的是有些急了。在 2001 年 10 月 22 日瓦尔斯罗德一次党的地方会议上，默克尔对党内批评她的人进行了威胁，并在 2001 年 11 月 10 日鲁斯特的巴符州党代会上发表了一番带有火药味的讲话。默克尔做这些事的目的自然是要进一步强调领导权意识，但她的这些举动对于局面的好转却没能起到丝毫作用。

　　直到现在还有很多人认为，在那几个月里，作为党主席的默克尔在面对党的基层组织和议会党团时的很多表现都不够聪明，这也使得她的支持率进一步受到影响。基民盟一些重量级人物看到他们从一开始就对默克尔产生的怀疑得到了各方证实。迈尔茨与默克尔日益尖锐的矛盾虽然对迈尔茨不利，但对默克尔更不利，她作为总理候选人本应抓住的信任正在消失，默克尔似乎开始跟她的最终梦想渐行渐远了。

施托伊伯的犹豫

由基民盟与基社盟组成的联盟党为 2002 年 9 月 22 日联邦大选共同推举总理候选人的过程就像一部政治恐怖电影。在平时，这本不应该是一个问题，但是现在默克尔显然没有足够的实力去摆平那两个跟她争总理候选人名额的人，他们都比她老练，也比她成熟。

人们大多知道默克尔和迈尔茨，但对于最后一位竞争者施托伊伯却不太熟悉。施托伊伯是巴伐利亚州的现任州长，其实在几年以前，他还一直在暗示自己并不希望成为总理候选人。1999 年 1 月 16 日，在解除魏格尔多年担任巴伐利亚州基社盟党主席职务的那次党代会上，有人推荐施托伊伯做总理候选人，但当时他说这个问题不急，还曾用足球比赛的语言表述：这场比赛要到 2002 年才开哨，在这种问题上，比赛结束前的几分钟才是关键。在后来的几个月里，施托伊伯与当时的基社盟秘书长戈佩尔反复表示，要到 2002 年联邦大选前几个月才会作出最后的决定。

施托伊伯之所以表现得这样"大度"自然是有原因的。首先，联盟党内相传，施罗德在 1998 年大选中之所以取得胜利，是因为社民党在大选前约半年才提名施罗德为总理候选人，致使联盟党没有足够的时间"搅黄"施罗德的候选人资格，所以联盟党政治家越早被提名为候选人，在今天新闻自由的大环境下越要冒着"被搅局"的危险。其次，基社盟出于私利的策略，认为联盟党共同提名的候选人公布越晚，越能保证基社盟有更大的影响。由此可见，基民盟和基社盟两党虽然结盟，但在结盟党内政治斗争仍是不可避免的。

施托伊伯不愿过早被提名还有最后一个原因，那就是在1999年的时候，就连他自己都不知道自己是否真的应该参选，所以当时他特意没有把话说死，而是用模棱两可的话把这件事应付了过去。事实上，政治家们都是这样的人，他们总是习惯于拖到最后一刻才发表自己的意见，因为只有这样，说错话的可能性才会被降到最低。到2000年11月时，施托伊伯还是不肯承认自己会成为联盟党的总理候选人："你们知道我不想当这个候选人，因为我是州长，如果我2003年继续连任，我还会在州里待一段时间。"

其实，虽然施托伊伯口中这么说，但整个基社盟其实早已经把他当作自己的总理候选人了。基社盟成员们的想法出奇的一致，因为他们不仅想在2002年的大选中有所作为，还想在联盟党内部占据优势地位。

众叛亲离

当基社盟表现出协调一致的信心时，默克尔却没能力把基民盟领导层的政治家团结在自己周围。基民盟内的很多人都在观望着这盘散沙如何发展。一些议员已经试探着劝默克尔辞职，另有议员认为一个州的州长当总理候选人要比一个没有政府公职的党主席更有利。其实默克尔曾做过8年联邦部长，可此时这段经历也不再起作用了。2001年10月基民盟在柏林议会选举中惨败，这更使得候选人提名的时间无法确定，要求联盟两党迅速作出决定的呼声日趋高涨。

正当候选人问题处于不明朗状态时，狡猾的格罗斯掏出一张牌，这位联邦议会基社盟州小组主席提议，除了默克尔和施托伊伯，朔伊布勒也可做总理候选人："我认为可以考虑朔伊布勒，但我不知道他是否会参选。"柏林的记者们都认为，格罗斯的想法只有得到施托伊伯的首肯才会说出来，因此就开始了以"鹬蚌相争，……"为主题的讨论。一向友善报道朔伊布勒的海里伯特·普兰特在《南德意志报》上写道："施托伊伯的出路是朔伊布勒。"格罗斯提议朔伊布勒担任候选人问题时，正值检察院刚刚中止对朔伊布勒就收受10万马克捐款一事提供不实证词而进行调查的关键时刻。

朔伊布勒本人在回答如何看待被提名为候选人的问题时说："这不

算最恶劣的侮辱。"事实上，了解朔伊布勒这种冷幽默的人都能品出他的回答中隐含着内心对被提名为候选人的满足感。至于是否准备参加竞选，朔伊布勒既不表示肯定，也不表示否定，但不管怎样，格罗斯对他的提名使他感到自己受到了尊重，加之巴符州州议会的基民盟议会党团主席君特·沃伊廷厄也认为他是合适人选。种种迹象表明，朔伊布勒的救助部队都赶来帮忙了，可是基社盟秘书长戈佩尔声明，格罗斯的意见不代表基社盟，"他至多能代表议会里的基社盟州小组"。实际上，格罗斯走了一招巧妙的棋，其用意是最终动员施托伊伯出任总理候选人，因为他的最终目的是利用基民盟内部的两个候选人提名以削弱默克尔的力量。这不正是当初朔伊布勒把默克尔推上基民盟总书记宝座时所用的伎俩吗？

他到底干还是不干？在之后的几周里，关于施托伊伯真正意向的讨论不断扩展开来，他是时候作出决定了。首先是一些州长，他们均公开支持巴伐利亚州州长参选。托伊费尔领导的巴符州基民盟和当时的总书记弗尔克·考德尔早就为施托伊伯竞选进行宣传鼓动。其实，事情到了这一步，施托伊伯表不表态已经不重要了，因为所有人都知道他最终肯定会参选。

公开的权力之争并没有反映在2001年12月初基民盟德累斯顿党代会上。《新苏黎士报》写道，这次党代会弥漫着一种怪现象：导演不愿意让大家就2002年谁与施罗德竞选问题进行辩论。会上公开讨论的题目对于党和公众都没有任何触动，党代会上当然也开展了多次有关问题的对话，默克尔对第一天的会议情况感到满意。《南德意志报》标题为"她还是很行的"文章写道，默克尔使德累斯顿会议的代表们着迷地鼓掌。第二天，施托伊伯的祝词就像一封求职书，同样也赢得掌声不断。一派和谐自然只是表面现象，关于总理候选人名额的争夺即将进入白热化状态。

　　并未出人意料，党代会一结束，关于候选人问题的辩论就激烈地展开了。此时施托伊伯终于正式向联盟党其他高层领导人表示准备接受候选人提名，但他不愿冒风险，只有当他确信所有州长（通常这些州长也是基民盟州主席）一致支持他时，他才准备宣布参加竞选。由此可见，施托伊伯是多么的老奸巨猾，如果他不能确定那些州长都会支持他，他又怎么会如此胸有成竹地表态？可现在在外界的眼里，他的态度依然是大度而谨慎的，虽然他几乎已经胜券在握了。

　　外界看不出来，但总理候选人争夺战的真正形式又怎瞒得过联盟党内的那些老狐狸？因此，许多基民盟领导人都想劝默克尔放弃争当候选人，这话被捅了出来，并且在接下来的几天里得到了证实。

　　在默克尔看来，这简直是一场政变，但是当时的联邦议会党团副主席沃尔夫冈·博斯巴赫却说，联盟党应该高兴"同时有两个合适的候选人"。关于政变的说法，他反驳道："这是无稽之谈，如果其他人毫不隐讳地认为施托伊伯是更合适的候选人，这就不是针对默克尔的政变，而是一种明确的态度了，联盟党内的所有人都应该支持最有可能成功的候选人参加联邦大选。"

　　很明显，这些政治家在联邦党代会上对默克尔采取了一致的策略。虽然议会党团内部的意见越来越倾向于施托伊伯，但默克尔不为所动，她的策略显然是想等待，施托伊伯也许会屈服，因为施托伊伯一直拒绝公开对此问题表态。"我准备当总理候选人。"2002年1月6日，默克

生命的第四乐章

巅峰

第十七章 ／ 权力是最重要的

> 对于放弃竞争总理候选人这件事，默克尔当然是不甘心的，因为这将会把她向着最高目标冲刺的脚步拖住整整 4 年，但默克尔是一个敢于承认失败的人。在失败之后，默克尔进一步认清了政治领域中权力的重要性，只有手中握有足够的权力才不必担心他人的挑战和背叛。

新的开始

对于放弃竞争总理候选人这件事，默克尔当然是不甘心的，因为这将会把她向着最高目标冲刺的脚步拖住整整 4 年，但默克尔是一个敢于承认失败的人。"男人客栈"会议上所发生的事对默克尔来说无疑是她从政以来所经历的最惨痛的失败，但她最终还是在最紧要的关头挽救了自己的命运。退一步海阔天空，失败了从头再来，这就是默克尔的强大之处。

事实上，默克尔的妥协使全党都感到轻松。当时还是图林根外长的福格尔以老寿星的身份在马格德堡会议上表达了大家如释重负的心情，他说："默克尔是一位自信的女性，她进行了有尊严的战斗。"

令默克尔自己都没有想到的是，她的政治形象反而因这次失败而有所改善，就因为她有勇气在这次年会上作出这一决定并将其公布于众。这一点，联盟党内的所有人都看在眼里，他们都看到了默克尔是怎样直到最后一刻都以钢铁般的意志和冷静的头脑坚持要当总理候选人的，但当她发现自己已经没有希望的时候却又能够闪电般地改变战术，巧妙地与施托伊伯达成一致意见，并在这之后全力以赴地支持那个战胜了她的人竞选总理。

在2002年6月17日的法兰克福基民盟党代会上，默克尔宣告"联盟党从来没有像今天这样兴旺"，随后整个联盟党都进入了竞选的节奏。从这一刻起，默克尔本人和总理候选人施托伊伯都受到了党代会的拥戴，党内处处充满着从未有过的胜利信心，基民盟把此次党代会看作是新纪元的开端，尽管默克尔时刻提醒大家不要忘乎所以。

党代会上发生的另一件事是：科尔回来了，用他自己的话说，又回到了基民盟大家庭，这是默克尔一手促成的。6月17日召开党代会的时间选得很合适，科尔可以借机在他30分钟的讲话里突出他对德国政策所做的贡献。默克尔的导演很成功：全场给予科尔的掌声既没使总理候选人施托伊伯颜面无存，也没使党主席默克尔的形象黯然失色，那是适中得体的掌声。默克尔让科尔重返党内，并以这种方式为"献金案"问题画上一个句号。看得出来，在真正放下了那桩困扰她许久的心事之后，从前那个精明干练的默克尔又回来了。

施罗德的连任

随着施托伊伯候选人资格的确定，联盟党的提名活动终止，大选获胜的前提条件似乎已经具备，但以联邦总理施罗德为首的红绿联合执政党在前所未有的、难分伯仲的态势下最终还是取得了大选胜利。不仅是施托伊伯，就连默克尔也对选举结果感到失望，在2002年9月22日的大选中，尽管联盟党得票率增加了3.4%，但整个得票率还是只有38.5%。

直到2002年夏天，民意调查结果还显示，施托伊伯有希望把只执政了4年的施罗德政府赶下台，如果是这样，这将意味着德国人选举行为的一次政治革命。根据以往经验，谁一旦当上联邦总理，一般情况下都至少要执政两届，因为选民在具有决定性的换届选举中不会草率行事，错投选票。

其实，这是一个连施罗德和他的副手菲舍尔都没料到的结果。施罗德究竟是如何连任的呢？我们需要根据影响选举胜负的3个主要因素来分析。第一个因素是政党的普遍形象，这主要靠选民，尤其是铁杆选民的长期估价。与它的竞争对手相比，联盟党的得分点主要集中在经济政策、国家债务和内部安全几个方面，而过去是德国统一、与西方联合和欧洲政策方面。尽管联盟党没有像社民党那样因社会结构的急剧变化而丢失选民那么惨重，但铁杆选民还是丢了不少，特别是绿党的崛起极大地影响了联盟党传统的受教育程度较高的选民阵营，选民改变选举对象率超过 50%。

第二个因素是，越来越多的选民在快要投票时才根据个人利益，而不是受家庭或政治环境的传统约束作出最后抉择。

第三个因素，也是作用越来越大的一个因素，是政治中简称为"美国化"的个人魅力因素。当施罗德和施托伊伯的电视辩论播放以后，根据独立观察员的评价，选择施罗德的人更多，特别是在第二次辩论时，施罗德以攻取胜，使施托伊伯颇显"老朽"。当两个人分别谈到他们的妻子时，施罗德充分展示了其夫人现代女性的一面，博得了大多数年轻妇女的好评，而施托伊伯却无言以对。联盟党在大选中最终失利，施罗德尽管在政治上争议很大，仍被视作较为现代的总理候选人。

毫无疑问，大选前 8 月份易北河的洪水灾害也是帮助政府转被动为主动的一个重要因素，因为像遇到任何一次危机一样，政府总是比只能处于观望地位的反对党要主动得多。虽然基民盟向来与大西洋彼岸国家关系友善，但其立场并不明确。施罗德在暗示华盛顿向联邦政府正式发出参战请求（实际德方并未收到正式请求）的同时表示，民众特别是东德民众对联盟党想把德国拉入战争深渊感到非常恐惧。施罗德的这一举动在经历过第二次世界大战轰炸之夜的老一代人身上起了很大作用。

上述两个意外因素使原本在国内政治中占主导地位的失业问题暂时退居次要位置。据选举研究部门的民意测验显示，对施罗德本人有好感的人占 63%，而施托伊伯只得到 17% 选民的认可；61% 的公民认为，施罗德胜出的可能性大，只有 13% 的人认为施托伊伯会取胜；在解决经济问题方面，施托伊伯以 33%的支持率明显强于施罗德的 24%；在创造就业岗位问题上甚至为 33%比 18%，但施托伊伯最终还是败下阵来。

夺权，迎接下一个挑战

就在大选的当天晚上，被《焦点》杂志讥讽为"不宽容的女头头"的默克尔还在进行奋战，她知道要想保住自己的权力，就必须夺得由迈尔茨占据的联邦议会党团主席一职。尽管有人好言相劝，说鉴于反对党只有不多的几个重要位置，最好由多一些人担任这些职位的领导，这样对外影响较为有利，但默克尔却对这些话充耳不闻。

这样一来，不仅默克尔与迈尔茨的关系又一次紧张起来，在议会党团中，对默克尔持怀疑态度的人也越来越多。但另一方面，随着新的联邦议会党团的组成，议员年轻化程度非常高，几乎 1/3 都是新人。默克尔知道自己在议会党团的支持率不高，因此在联邦大选前就格外关心即将接班的年轻议员。她很清楚，她不仅要控制住全党，而且还要掌握联邦议会党团。她的第一个目标是把迈尔茨挤下台，但迈尔茨在议会党团内是个很受欢迎的人，议会党团的人员组合也比基民盟党内"保守"，同时在联邦基民盟内，对以默克尔为首的所谓左翼势力持保留意见的人也不在少数。

按照联邦议会党团的规定，要由联盟两党的主席共同提出谁将被选为议会党团主席的建议。开始时，迈尔茨坚决不肯下台。在统计选票时，迈尔茨、默克尔和施托伊伯已开始在基民盟总部6楼讨论议会党团的主席问题。这时候，第一轮民意调查结果已经得出，它与人们预料的选举结果相符，但迈尔茨得知后还是坚持自己的任职要求。

选举后的星期一早晨，基民盟主席团开会，默克尔得到了主席团其他领导成员对她作为议会党团主席的首肯。迈尔茨不仅继续主张党主席和议会党团主席分开的原则，而且对默克尔领导议会党团的能力提出质疑。黑森州州长科赫试图建议为迈尔茨在议会党团中设立"第一副主席"的位置，以起到桥梁作用。之后会议休会，后来从慕尼黑赶来的施托伊伯参加了基民盟的讨论，并建议默克尔担任议会党团主席，这使她冲破了最后一道防线。

对迈尔茨来说，这是痛苦的一刻，他一定会认为默克尔早在沃尔夫拉茨豪森那次早餐上就把施托伊伯同意她当议会党团主席作为让出候选人的交换条件，而施托伊伯也同意了这个条件。

默克尔没有多少时间可以休息，联邦大选刚过7周，基民盟就于2002年11月11—12日在汉诺威召开联邦党代会。会上，默克尔面临重新当选的问题，而开会时间是她在联邦大选前有意定下来的，因为大选刚刚结束时党的领导班子对她会更加忠心。根据党章规定，联邦基民盟理事会每2年就须重新选举（总书记例外，可以每4年选一次），在埃森会议上，默克尔当选时正值基民盟处于"特殊状态"，这次会议则要稳固默克尔的权力。

在这一届党代会上，默克尔又一次成功了，因为参加党代会的每个人都明白，议会党团主席的职务进一步加强了默克尔的地位。评论家菲尔德迈耶这样评论此次党代会："一个政治家必须准备并有能力回答公民提出的如何塑造国家未来的问题，按说默克尔应该利用汉诺威会议的机会在讲话里提及这些问题，但她没有利用这一机会。"

为巩固党主席的地位，默克尔用了 2 年时间不断地奋争着，现在她可以在正常环境下潜心开展党主席的日常工作了。她经受了总理候选人失败的打击，经历了施托伊伯的竞选失败，现在终于抓住了议会党团主席这第二顶桂冠。疑惑、迟疑曾不断地折磨她，可当初科尔不是也有过同样的经历吗？刚选过党主席不久，党内是不会出现反叛行径的，默克尔要抓紧利用整个大气候，稳扎稳打，她的目标是以她的名义更新基民盟的纲领，她知道别人说她缺乏纲领。而她很懂"权力"这一点，至此已用事实做了充分的证明。

一个接一个的烦恼

施罗德有一段比较烦，2003 年 3 月 3 日就业联盟的失利标志着联邦政府在内政上面临越来越大的压力。施罗德于 2003 年 3 月 14 日宣布的 2010 改革计划导致工会继续与社民党作对。推迟原计划于 2003 年 7 月 31 日启动的卡车收费制给政府制造了不少麻烦（直到 2005 年 1 月，卡车收费的技术条件才成熟），为此联邦政府一个月就损失了 1.56 亿欧元的收入。

默克尔有一段也比较烦。由联盟党执政的联邦州在联邦参议院虽然获得多数支持，但在政治战略上却暴露出不足。联盟两党已间接地成为与政府共同承担责任的秘密伙伴，而各州却更多地关注着自己的利益，自信的"各州君主"不允许联盟党根据整体战略任意"摆弄"州一级事务。他们有时借口有其他活动，不参加协调这些问题的核心会议，以逃避应共同承担的责任。

2003年9月30日，黑森州州长科赫与北威州同事施泰因布吕克单独拿出一份削减补贴的单子，使北威州在野党领袖吕特格斯大为不快，他认为这是给北威州州长一次不必要的出彩机会。基民盟党主席默克尔也有些无所适从，因为她在这种情况下只能起一个主持人的作用。默克尔面临的危险是，联邦总理会对此在政治上表示热烈拥护，其重要目的是迫使在野党在一些不受舆论欢迎的决策中共同承担责任。另一方面，如果采取拉封丹对科尔政府经常使用的那种封锁改革的政策，只能使基民盟这种"国家支柱"型反对党更加不令人信服，因此默克尔十分重视与曾是总理候选人的施托伊伯协调立场。施托伊伯作为总理候选人的作用对默克尔确实很有利，他在较长一段时间里体现了两党融合的形象，而不再向默克尔和姊妹党开枪放炮。默克尔与施托伊伯绑在一起也能与基民盟州长们的势力抗衡。

在2003年12月基民盟联邦党代会召开前的半年里充满了戏剧性的政治事件，特别是施罗德推动的税收改革几乎发展为一座政治陷阱。鉴于德国整个经济的恶劣形势，施罗德在2003年初决定把2000年通过的税收改革第三阶段步骤从 2005 年提前到 2004 年实行。一方面，默克尔并不打算对提前实施减税计划加以阻挠；另一方面，她也不愿意为施罗德在税收问题上取得积极成果而铺平道路。当然，假如红绿政府像 2000 年那样利用在野党成员之间的矛盾从中渔利，那就必须立即制止。

默克尔与施托伊伯在 2003 年 7 月 1 日给施罗德的信中发出信号，同意尽快落实降低税收的计划，但他们拒绝政府准备用贷款来支付税收改革的方案。黑森州州长科赫则不同意减税的思路，他担心这样做将会使国家债务继续攀升，为此他遭到来自巴伐利亚州的生硬斥责。政府和反对党在 2003 年 8 月 21—22 日就共同承担的医疗改革草案达成一致。为争取在 2003 年 9 月 26 日的议会上得到自己党内的多数支持，施罗德费了九牛二虎之力。此时，联邦政府的处境十分危险，执政两党都很紧张。按照《法兰克福评论报》的说法，社民党已接近绝望的境地。

医疗卫生改革、失业金、解约保护和劳动时间等方面的变革方案虽然在议会表决中得以通过，但在社民党行列中有 6 人反对、1 名绿党成员弃权。这样，执政两党票数勉强构成多数，而在野党是投了同意票的。令迈尔茨为难的是，他该如何处理与基社盟人士赫斯特·泽霍夫反复协商的妥协方案，该方案于 10 月 17 日在联邦参议院被属于联盟党的各州州长所接受。

妥协方案本身已经预示着冲突的爆发，这一冲突体现在 2004 年基民盟与基社盟的关系中。泽霍夫坚持一种"全民保险"模式，他认为自由职业者和公务员也必须加入保险。在整个改革进程中，医疗领域的改革不能是唯一的一项改革。在联邦参议院多数联盟党执政的联邦州（联盟党占 16 个州长中的 9 个）的强迫下，2003 年 11 月 13 日协调政府与反对党立场的仲裁委员会开始了关于其他方面改革的谈判，这样联盟党也要共同对不受欢迎的改革，主要指对所谓的"哈尔茨 IV"方案承担责任。联邦议院和联盟党占多数的联邦参议院经过马拉松式的投票程序，终于在圣诞节前通过一系列诸如税收、劳动市场和退休金制度等全面的改革法律。

　　面对这一个接一个的烦恼，默克尔的战略在 2003 年 12 月浮出水面。仲裁委员会开了几天几夜的会议，红绿政府与联盟党在税收上虽然达成妥协，但这一结果并没有让人得出施罗德是一个有实施能力、劲头十足的改革者的印象，更多的感觉是他作为总理，在重要问题上总是屈服于默克尔领导的联盟党的固执立场，受制于对方的谈判技巧。基民盟与基社盟这一次没有四分五裂，而是表现出高度的一致，默克尔也因此成了谈判游戏中无声的胜利者，她用有说服力但并非得意忘形的论据告诫联邦总理施罗德必须接受当前权力对比的现实。2003 年 12 月的税收改革妥协方案由于力度微不足道反而对在野党更为有利。人们在仲裁委员会上一致同意减税 78 亿欧元，这样舆论就不会再指责默克尔对联邦政府实行封锁政策了。另外，现在提前进行的减税额度比施罗德最初计划的156 亿欧元少了很多，所以这一改革根本谈不上是政府在促进经济繁荣方面取得了成就。

德国向何处去

2003 年，默克尔要在竞争最佳改革方案中拿出最好的、即便与社民相比也是最杰出的方案。在莱比锡基民盟党代会召开前的几个月，默克尔于 2003 年 10 月 1 日发表了"德国向何处去？"的演讲，展示了一个信心十足的主席形象。她在讲话开始时重复了一个记者的提问：如果默克尔没有进入政治舞台，您认为基民盟缺少什么？默克尔最初只是简短地回答了一个"我"字。她用这个例子作为演讲的开场白，并用"这种情况不会发生在我身上"的表述显示了个人的特性和领导力量。

这是默克尔的一次重要讲话，是阿登纳基金会邀请她在柏林德国历史博物馆的一次论坛上发表的演讲。为了这次演讲，工作人员做了长时间的准备，她自己也花了大量时间。联盟党内很多权贵都在认真聆听他们主席的讲演，此时大多数人已经把她视为 2006 年最有可能的总理候选人。默克尔的讲话回击了施罗德的批评，并强调联盟党不会在联邦议院和联邦参议院采取封锁政策，联盟党不会拒绝所有面临的改革问题，也不惧怕意见分歧。默克尔还对勃兰特大加赞扬："是阿登纳、勃兰特和科尔的政策使德国统一成为现实。"

默克尔试图通过这次讲话回答她到底主张什么的问题，她不仅阐述了对德国统一的评价，而且还在自由、公正和团结这 3 个基本价值观的基础上推崇一种"现代效率公正"。"我们的共同天性需要这 3 种价值观。"她进一步说道，"但事实是，共同的天性要求我们对 3 种价值观重新调整，就是一切都应保证自由这个前提，或者换言之，为了使团结和公正能够长存，必须把自由从价值观等级中提到最重要的位置。"这就是基民盟主席的信条。

默克尔在此次讲演中提到的各类改革计划是 2003 年 12 月 1—2 日莱比锡基民盟党代会的主要议题。党代会上，基民盟决定实行彻底改革社会保障体系的方针，用保费模式取代全民保险，这一改革是由前联邦总统赫尔佐克领导下的委员会准备的。

一号人物

党代会上还通过了迈尔茨的新税收模式，受到赞扬最少的恐怕要属施托伊伯了，上千名代表只给了这位来自慕尼黑的客人 90 秒钟的掌声，要知道他去年在基民盟的讲话可是赢得了长达几分钟暴风骤雨般的掌声。

施托伊伯可能意识到，党代会上代表们对他的反响一定来自上边的间接暗示。实际上，基民盟中有许多人对基社盟和施托伊伯很不满意，特别是泽霍夫对基民盟社会政策和赫尔佐格委员会的批评更让基民盟人感到恼火。大家都知道，泽霍夫被邀请参加赫尔佐格委员会会议，但他却不接受。《明镜》周刊把基民盟稀薄的掌声称为对施托伊伯的侮辱，基社盟秘书长马库斯·泽德尔也把基民盟接待施托伊伯的行为斥责为"太幼稚"，而赫里博特·普兰特勒则更进一步地认为，这种不友好的接待是对"沃尔夫拉茨豪森早餐的报复"。其实事情并非如此，如果让与会代表在2001年12月的德累斯顿党代会上表决，他们大多数都会投施托伊伯的票。

普兰特勒的分析是正确的，基民盟代表是要让巴伐利亚人感觉到他作为总理候选人的角色已经"寿终正寝"。实际上，在党代会之前，默克尔的地位就已在党内被视为与联邦总理施罗德并驾齐驱了。媒体此时大肆渲染，"以前人们认为，默克尔驾驭不了这个党，现在基民盟各州君主的担忧已经消失"。默克尔在这次党代会上要实现的目标是让基民盟以一个纲领全新的政党面貌出现，这一点她做到了。媒体报道，她以基民盟无可争议的第一号人物喜形于色，"默克尔突然成了居高临下的人物"。在过去，基社盟一直对制定纲领和路线起着先导作用，现在他们开始明白，基社盟毕竟规模小，代表的社会阶层较少，虽然决策过程简便，但他们的设想已经趋于落后，这种分歧局面将继续笼罩着下一个年度——2004年。

霍曼事件

此次党代会召开前4周发生的一起事件引起了各方的激烈争论，但没有对党代会产生多大影响，只是在基民盟历史上第一次开除了议员。来自福尔达的联邦议员马丁·霍曼在后来才公布于众的2003年10月3日的讲话中不仅反对德国人是"犯罪民族"的提法，而且还和犹太人做了比较。他认为，纳粹主义与布尔什维克主义之间有一定的内在联系，是反宗教并鼓吹无神论的。

然而，不论是德国人还是犹太人都不是"犯罪民族"。人们有理由认为，那些带有邪恶思想的无神论者才是上一个血腥世纪的"犯罪民族"。同时霍曼还提出疑问："通常被看作是受害人的犹太民族难道在近代史时上就没有过黑暗的一页吗？或者说犹太人完全是承受苦难的受害者吗？"他指出，犹太人对俄国1917年的革命有过强大和持久的影响，因此应该允许提出犹太人的罪行问题。基民盟领导层为这种粗暴言论所震惊，而霍曼事件也使默克尔面临严峻的考验。她要求这位属于议会党团内赫尔纳教区的福尔达天主教徒与他的言论划清界限，并对此作出道歉。同时她还宣布，霍曼应该放弃联邦议院内政委员会的职务，停止他对纳粹时期劳工赔偿的报道权。

尽管霍曼向议会党团领导承诺将保持沉默，但他还是接受了德国电视二台记者弗里德里希·库尔茨"面对21"专栏的采访。他在这里不仅重复了那番讲话，而且在记者尖锐细致的提问下出示了一些对他表示赞同的信件。摄像机镜头对准了联邦军将军赖因哈德·京策尔的一封对他表示赞同的信。京策尔马上被国防部长施特鲁克斥为"糊涂将军"，并令其提前退休。

这样，霍曼一案就成了新的政治事件，默克尔被迫改变了她与其他同事相比较为谨慎的态度。霍曼因其个性在议会党团中常被人说成是"爱钻牛角尖"，但通常情况下他还是一个不错的同事，但这次没有同事支持他的观点。对霍曼的处理方式引起了强烈的批评，特别是议员们不理解是什么原因促使默克尔改变了态度，要求将霍曼开除出议会党团，而不是开除出基民盟党。联邦议院副议长诺伯特·拉莫特告知，他将驳回基民盟主席的申请。他认为，一名联邦议院的议员是基民盟党员，却不是议会党团成员，这太奇怪了。

不得已，默克尔只好改变主意并通知她将提出开除霍曼出党的申请。默克尔的党内对头科赫也感到棘手，霍曼出自他所管辖的黑森州。他对外宣称："人们应该认真考虑，在具体情况下如何行事。默克尔现在自己抓着决定权，她会得到黑森州方面的支持。"

这样，科赫把所有责任都推到默克尔身上。本以为全体议会党团会一致站在默克尔一边，但结果并非如此。党内有 1/5 的人不同意她提交的开除申请，其中有 195 人赞成，28 人反对，16 人弃权，还有 4 票作废。

在这一事件上，默克尔一直没有明确的方针。"她首先想保留黄牌警告的态度。"原社民党政治家拉封丹在《图片报》上这样认为。默克尔在霍曼事件上改变立场的主要原因是，她曾低估了公开和非公开的压力。后来阿克塞尔·施普林格出版集团的大股东弗利德·施普林格女士对默克尔施加了很大的影响。施普林格是默克尔的朋友，她是出版业大亨施普林格的第五任，也是最后一任夫人，她继承了丈夫的遗产，她的丈夫施普林格一向积极反对任何形式的反犹行为。

默克尔的成就与机遇

默克尔在莱比锡党代会上取得了其政治生活中最大的成就，她个人的魅力和主张也得到了真正的承认，但党代会上通过的税收和社会福利政策却在 2004 年使基民盟与基社盟两个伙伴党分歧加剧，首当其冲的是税收方面的决议。基民盟在莱比锡开会时宣布，要建立一种新的、简单的三级税收模式，取消减免纳税的例外条款，用采取这一措施所得的资金收入支持上述税收模式。莱比锡会议召开几周后媒体就发现，基民盟与基社盟是一个怯弱的联盟，它们一会儿这样一会儿那样，在税收政策上进行赌博。在基民盟莱比锡党代会后，基社盟推出了自己的税收方案，这一方案实际上是红绿政府财政政策的继续。

联盟两党于 2004 年 3 月 7 日就共同的税收模式达成一致，这是在基民盟的迈尔茨与基社盟的库尔特·法尔特豪森的两个税收方案基础上形成的模式，而迈尔茨在莱比锡党代会上提出的税收计划在原则上被推翻。迈尔茨的方案当时只局限于专业人员范围，所以公众并不知道矛盾的内幕，而下半年社会福利政策的争论就不是这样了，基民盟在莱比锡党代会上先抛出了两个方面的方案，事先却没有与基社盟通气。基民盟最初的税收方案是，在中期阶段实行三级税收制，税率统一为 12.24% 和 36%，个人所得税与法人所得税应该相互协调。通过在中期阶段确定的

3个统一而简单的税率以及将所得税税项从7种减少到4种，现行税法进一步简化，而在基民盟与基社盟的妥协方案中，这种分级税收模式几乎不见踪影，只是被视为中长期的设想。这一加了水分的税收方案使迈尔茨深感失望，他认为在这个问题上默克尔又把他撇在了一边。

2004年，从政党政治的角度来说对于默克尔和基民盟都是一个良好的开端。社民党在选民心目中的声誉继续下降，相反，基民盟乐观地看到许多州一级、地方一级的选举以及欧盟选举对他们十分有利。社民党政治家弗洛里安·格尔斯特被解除职务意味着，曾对格尔斯特改革联邦劳动局的计划寄予很大希望的联邦政府未能遵守大幅度减少失业人数的诺言，而且在1998年12月第一次联邦大选获胜后施罗德就说过："如果我们不能把失业率明显降低，那么我们以后就没有资格再当选。"

2004年2月6日，施罗德由于社民党选民急剧减少而不得不采取措施，宣布辞去担任了5年之久的社民党主席的职务，以便专心致力于联邦总理的工作。2004年3月21日，明特费林当选为社民党主席。2月29日，汉堡的基民盟在冯·博伊斯特领导下，在古老的汉萨城市汉堡一举夺魁，成为单独执政的政党，取得历史上第一次基民盟选票增加近20%的好成绩。由此可见，联盟党的上升已势不可挡，科勒当选为新一届联邦总统更预示着联邦德国将面临政权更换。在过去的几个星期里，科勒与社民党总统候选人格希娜·施万展开了紧张而公开的角逐，最后科勒在联邦大会第一轮选举中就获胜当选。

终于，默克尔要和施罗德在大选中兵戎相见了，这是一次王牌与王牌的较量。

第十八章 ／ 王牌对王牌

> 执政党的王牌是现任总理施罗德，在野党的王牌是基民盟主席默克尔。王牌对王牌，这两位天生的政治家到底谁更强？从表面上看来，施罗德似乎占尽了优势，但他真的已经胜券在握了吗？一场选举大战即将拉开帷幕。

施罗德是谁

2005 年 5 月 22 日，总理施罗德发表声明，呼吁将原定于 2006 年 9 月举行的全国大选提前到 2005 年秋天举行。德国上下惊愕不已，因为这意味着施罗德如果大选失利，就将提前一年结束他的总理任期。

施罗德怎么了？对自己失去信心了吗？这个德国人心目中的魅力总理为什么会出此下策？有人甚至认为施罗德这是在"自杀"、"为自己准备葬礼"。然而，施罗德自有他的难言之隐抑或是策略的考虑。

1944 年 4 月 7 日，施罗德出生在德国北威州一个工人家庭，他还在襁褓中时父亲就已战死，于是母亲带着他们兄妹 5 人改嫁，靠社会救济金抚养孩子们。1957年中学毕业后，施罗德在一家杂货铺当学徒，卖瓷器，他当时说了一句后来在德国家喻户晓的话："我一定要从这儿走出去！"施罗德靠上夜校读完了高中，并于1966年进了大学学法学；1976年，施罗德成为汉诺威一家律师事务所的律师；1963年，他加入社民党，1980年当选为联邦议员。有一天晚上，他和几个议员同事喝啤酒回来经过总理府，他隔着铁门向里面大声喊道："总有一天，我要成为这里的主人！"

1990年5月，施罗德成为下萨克森州州长。少年时，施罗德曾对母亲说："妈妈，你等着，总有一天，我要用奔驰车来接你。"当上州长后，施罗德果然开着银灰色的奔驰车来接母亲，为她庆祝80岁生日。也就是在当州长时，他与时任环保部长的默克尔发生第一次面对面的交锋，让恼怒的默克尔说出要把他逼到墙角去的狠话。

在1998年的德国大选中，施罗德击败已连任16年总理的老牌政治家科尔，出任总理，4年后又击败基民盟和基社盟联合推举的总理候选人施托伊贝尔，成功连任德国联邦总理。

优势与劣势

按规定，施罗德的任期应该在 2006 年结束，但是由于在地方选举中基民盟步步进逼，社民党节节败退，特别是 5 月份社民党在它的老根据地北莱茵—威斯特法伦州（北威州）的地方选举中惨败，这让基民盟一举夺走了社民党占据 39 年的大票仓。施罗德看到形势不妙，这才孤注一掷，在德国宪法许可的范围内提出提前举行大选，以免到 2006 年时一切都已成为定局而回天无力了。施罗德此招也是想打对手一个措手不及，因为在他看来，对手并没有准备好自己的总理候选人，只能推出默克尔，而默克尔则太容易被自己击败了！

也许，与施罗德相比，默克尔真的有着太多的劣势。

默克尔只是在柏林墙倒塌后才涉足政治，在政府内担任的也只是一些轻量级的职位；而施罗德的政治资历则比默克尔要深得多，除担任过州长外，他在总理位子上也已坐了 7 年，可谓政治经验丰富。

施罗德口才出众、个人魅力十足，德国媒体曾评论说："他玉树临风、斗志昂扬，又显得机智老成。"施罗德是很多德国女性崇拜的偶像，她们可能对政治不感兴趣，但投票时会乐意投给仪表不凡的施罗德。而默克尔则其貌不扬、长相平平，缺乏个人魅力：有着中年女性的并不窈窕的身段、街坊大妈式的胖乎乎的圆脸、一头乱发剪成像个

法宝。她的身上具有一个成熟政治家的品质，这就是超越常人的政治智慧和领导手腕。一位知名记者曾说过，默克尔"不动声色"的行动方式是"引人注目"的。正是这种不动声色，使她扫清了一个又一个障碍，从一个普通的知识分子迅速成为基民盟主席、总理候选人，站到了德国政治舞台的聚光灯下。

一位德国政治专家说："如果施罗德是一名短跑选手，那默克尔就是一个跑长跑的。"《经济学家》杂志说："她特别懂方法论，决策之前会考虑所有可能的选择，熟悉她的人都称她是学习机器。自1991年被科尔提升以来，她应该也学到了不少东西。"

事实上，默克尔这个当年的"科尔的小姑娘"已经变身为令人生畏的"政治黑豹"。面对施罗德，她会毫不留情地出击，实现她当年的誓言：把施罗德"逼到墙角去"。

还有一点很重要，那就是德国政治正处在一个"换代"的过程中，默克尔和她的同事代表着新一代的德国政治家。基民盟成员沃尔夫说："这是一代新的、更为坦率的德国政治家，他们不是仅仅在那里为选民描绘一幅美丽的蓝图，而是踏踏实实地在解决实际的问题。"而社民党和绿党则仍然代表40年前兴起的、以追求自由化为目标的社会群体，而这一群体现在大多已经超过50岁。与之相比，基民盟的选民60%以上都在40岁以下。现在的德国年轻人大多把关注的焦点放在了就业和经济问题上，而这两个问题恰恰是施罗德政府最大的软肋。

面对施罗德提前大选的宣言，当仁不让地成为联盟党总理候选人的默克尔在 5 月 24 日发表竞选宣言，她说："你们相信谁能改变德国的命运，走向更美好的未来? 在这方面，我们充满了信心。"

默克尔与施罗德的选战就这样拉开了帷幕。

第十九章 ／ 拉锯战

> 每一次选举都是一场战争。在之前的战争中，默克尔胜多负少，但这一次不同，因为她的对手是施罗德。每一个有资格在总理选举中登场的人都不是等闲之辈，对于这个级别的战争，施罗德已经经历过两次，而默克尔却还是个新人。默克尔必须改变，否则她无法赢得这场拉锯战的胜利。

默克尔的改变

默克尔面临着她一生中问鼎总理宝座的最佳机会：民意调查显示，她所领导的基民盟及姊妹党基社盟始终保持着大约50%的高支持率，而75%的被调查者说，他们根本不在意未来德国领导人的性别。但是，默克尔也必须面对这样的质疑：71%的德国人认为女性担任总理要比男人面临更多的困难。此外，默克尔也必须适应选战的需要，改变她那"冷冰冰的科学家"形象。

刚踏入政坛时，默克尔在电视镜头前的形象常常成为人们的笑料：穿着土气，从来不化妆，一头西瓜皮似的中性短发，而且最不能让人忍受的是，她的嘴角总是向下垂着，似乎从来不会笑。曾与她共过事的一位前民主德国官员说："我父亲有一个形象的描述，说有一种不用香水的女人，而他刚见到默克尔时，就发现她就是那种典型的不用香水的女人、没有自己专门的香味的女人。"早在2000年3月，德国《星期日画报》就这样嘲笑过默克尔："她的蘑菇头真可怕，脖子周围居然没有头发，刘海简直就像被剃光了。"几乎所有的人都在嘲笑默克尔的穿着，甚至连她的丈夫绍尔也忍不住对她说："你看看人家，那件运动衫挺棒的。"

但是现在，人们惊讶地发现，一贯素面朝天的她化起妆来，服饰也变得鲜亮起来，而且她学会了笑。

7月1日，联邦议会就政府不信任案正式讨论，默克尔代表反对党发言。在这个重要时刻，她出现了重大口误，竟然将自己的盟友自民党的名称FDP误说成SDP（社会民主党），引来哄堂大笑，但默克尔并没有慌乱，而是面带自然亲切的微笑，纠正口误后继续发言。

默克尔的新闻发言人事后说，从电视效果看，这是一个有助于她形象的好事。"最重要的是，她终于笑了。现在，笑容是决定性的。"

默克尔也努力改变她10年没变的发型。

46岁的女发型师马尔蒂娜·阿奇特曾经夺得过国际发型大赛冠军，她说："就在今年2月布什总统访德之前，默克尔女士特意来我这里咨询。为了让她在'乔治小伙'面前露脸，我为她精心设计了发型，并且给了她许多美容方面的建议。是我把她以往直挺挺的刘海烫弯，使其活泼又富于女人味。"据马尔蒂娜说，6 月份默克尔再度请求她为自己的形象支招。

另一位发型师、61 岁的瓦尔兹曾经给包括施罗德在内的许多大牌人物做过发型。他说，大约 1 年前，他在征得默克尔同意后，就开始慢慢着手改变她的发型。"此后每隔 4 周她都会来找我剪发染发。"他还抨击马尔蒂娜说："她也许曾用吹风机帮我的客户（默克尔）吹过头发，但可没帮她剪，到处都有那种想要伺机出名的人。"

这两位发型师都把默克尔发型的改变归功于自己。不管他们二人如何争执，默克尔发型变得好看了是事实。对此，默克尔也调侃道，当她翻阅美国前总统克林顿夫人希拉里的回忆录《亲历历史》时，发现她和希拉里之间有着"许多有趣的"相似之处，"其中包括媒体对我们换发型一事的大量报道，尤其是在希拉里成为第一夫人的时候，这让我想起许多有关我外表的热烈讨论"。

她曾经说过："政治归政治，我不会为了政治而改变自己原本的容貌。"但是为了赢得选战胜利，默克尔也不得不打起"魅力牌"了。这样做的结果是，她变成了"一个爱美的女人"（媒体语），展现出了一个女性政治家特有的魅力。她也坦承："是的，我染过发。"有好事者把她 2000 年时的照片与现在的照片相比，发现默克尔形象大变，皱纹少了，脸部光洁了，明显年轻了许多。人们猜测，这是实施整容的结果。

当然，要赢得选举，个人形象只是一方面，重要的还是要提出能够吸引选民的政纲，要在政治方面打败对手。

咄咄逼人

近年来，德国经济发展迟缓，当年拉动欧洲经济增长的"火车头"如今却成了拖欧洲经济复苏后腿的"大拖斗"。施罗德政府曾在 2003 年提出"2010 年计划"，试图扭转德国经济下滑的局面，但两年多来成效并不明显，民众的耐心也逐渐耗尽。默克尔及其基民盟认为，过于丰厚的社会福利和没有弹性的劳动制度是德国沦落的根本原因，因此她主张减少社会福利、减少工作保障、消除由企业与工会所签订的大锅饭式的薪资制度和团体契约、降低所得税刺激消费，同时主张调降公司税、刺激企业增加聘雇并放宽雇用与解雇规定。一句话，"我要改革"！

在 1998 年的竞选中，施罗德曾经指责科尔执政 16 年给德国造成了高失业率。他表示，如果他上台后失业率还是比科尔时代高，那么他在任期届满以后就"不配再被德国选民选为总理"。但是在施罗德执政的 7 年内德国经济并不景气，2005 年的失业人数甚至超过 500 万人。大选开始后，默克尔就"以子之矛攻子之盾"，一再把施罗德当年的承诺翻出来，质问她的记性为何如此不好。默克尔说："看看德国周围的国家，当年北欧的失业率要远远高于德国，可现在连北欧的失业率也已经低于德国了。"与默克尔的指责相呼应，基民盟在攻击社民党的一张海报中写道："500 万人失业！每 15 分钟就有一家企业倒闭！德国需要更换政府!"

针对施罗德失败的经济政策，默克尔宣称："这个国家需要工作，而我们就是创造就业机会的政党!"默克尔为此开出的药方是："在分配蛋糕前，先把蛋糕做出来。"她说，如果德国的企业家认为在德国从事生产经营活动的费用太高而纷纷把企业迁往东欧或者亚洲等地区的话，那么德国的失业率还会提高。如果要提高德国的就业率，就必须首先改善德国企业的生存环境，留住德国企业家，吸引国际投资。

面对默克尔咄咄逼人的攻势，施罗德也不甘示弱。一方面，他对默克尔关于他"记性不好"的批评装聋作哑；另一方面，他则指责默克尔的"药方"是为德国高收入人群创造的政策。施罗德同时极力夸奖自己的外交政策，认为德国在伊拉克战争中没有跟着美国跑，而是奉行了和平政策，为德国赢得了很高的国际威望。

施罗德还在个人声望上做文章，他主动出击，把矛头指向基民盟主席默克尔和基社盟主席施托伊贝尔。施罗德在老家汉诺威举行的户外竞选集会中说："施托伊贝尔先生的强硬策略和默克尔女士的领导才能缺陷，都不适于把国家团结起来。"

施罗德这一招果然见效，民意调查虽然显示，社民党的支持率为28%，仍然远远落后于基民盟41%的支持率；但同时也显示，施罗德的个人支持率上升至46%，而默克尔的支持率稍逊一筹，为39%。

美联社就此评论说，施罗德不愧是一名"老谋深算的"竞选高手。

总理夫人

在施罗德与默克尔唇枪舌剑的交火中，半路杀出个程咬金，这就是施罗德夫人、41 岁的多丽丝。这位施罗德的第四任妻子被称为"欧洲最有权的领袖夫人"，她经常给自己的丈夫出谋划策，首开欧洲夫人干政的先河。据说施罗德这次提前大选的决定，就是在她的促成下作出的。

这一次，当看到丈夫与默克尔厮杀得难解难分，多丽丝又按捺不住了，她披甲上马，为老公助阵。她多次在公开场合抨击默克尔，并在接受电视采访时说，没有子女的默克尔根本就体会不到为人母的艰辛，这从她当年担任妇女与青年部部长时所实施的一系列举措中就能看出来。多丽丝说，正是当时的儿童保育措施不到位，才导致那一代人有 40% 都没有生育孩子。她说，在帮助女性兼顾家庭和工作方面，默克尔做得很失败。"一个不懂得关心女性的人，怎么可能成为一个好总理？"她还举出自己的亲身经历来支持自己的说法，她说，默克尔在任时的政策让作为一个单身母亲的她生活得很困难。在 1997 年与施罗德结婚前，作为"单亲妈妈"的多丽丝在担任新闻记者的同时还独自照料女儿。

对于多丽丝的指责，默克尔并没有作出回应。民意调查机构认为，多丽丝的言论不太可能影响民众的投票结果，唯一对多丽丝作出表扬的是施罗德。当有人暗示他的夫人有多嘴干政之嫌时，施罗德马上为夫人辩护，说他的夫人不论是以政治题材记者身份还是以公民身份对政治发表看法都是再正常不过的，他为此感到自豪："我夫人怎么想的就怎么说，怎么说的就怎么做……这也是我爱她的原因。"

最佳辩手

暂且不管多丽丝的发难，默克尔继续着她向总理宝座的冲击。她采取"挖墙脚"战术，成功地将施罗德的核心经济顾问、西门子前董事长兼首席执行官皮埃尔挖到了自己的竞选班子中。此前，她还任命了前宪法法庭法官基希霍夫担任影子内阁的财政部长。但是，就是这位基希霍夫给默克尔带来了麻烦。不久以后，基希霍夫开始鼓吹单一税率，试图在将来对年收入为2万欧元以上的所有人群统一按25%的比率征税。社民党抓住机会，称基希霍夫的单一税率模式存在不公平，是在给富人送大礼，这一失误使得默克尔最初的领先优势开始滑落。

9月4日，施罗德与默克尔举行大选前的电视辩论，此次电视辩论是德国有史以来第三次总理候选人之间的辩论。辩论由德国4名王牌主持人主持，德国四大电视台进行了现场直播，有2000万个家庭收看了这一电视辩论。

在90分钟的辩论中，双方围绕经济改革政策进行了正面交锋。

施罗德抓住默克尔的税务顾问基希霍夫不放，大加抨击，默克尔不得不表明，25%的单一税率并不是自己的想法。她指出，基民盟支持的是税率累进制，"任何超过这一界限的想法和做法都不在竞选范围内"。

施罗德为自己向富人追加3%的所得税计划辩护，指责默克尔的税制改革"不公正"，称她的"财政概念是真正建立在沙滩之上的"，将会加大财政赤字。他说，默克尔忽视了德国在过去3年里已经成为世界头号出口国的事实，而这正是他进行结构改革的成果。施罗德还重申了他反对伊拉克战争的立场，说"这是一项使德国成为中间大国的政策"。

默克尔则辩护说，她倡导的税制改革是为了消除纳税漏洞，让人人都公平纳税。她表示，如果当选，她的首要任务将是促进就业、减少失业人口。她说，只有成为经济强国，德国才能在世界上成为一个强大的可靠伙伴。

辩论后的民意调查显示，施罗德不愧为"传媒总理"，他在现场发挥出色，成为辩论赢家。一位选民说："我的忠诚属于基民盟，但我没法不喜欢施罗德——他是个战士。"根据德国电视一台在辩论结束后对2000名电视观众的随机电话调查显示，55%的受访者表示认为施罗德更适合领导德国，认为默克尔更适合当总理的受访者占37%。

尽管施罗德占尽风头，但54%的受调查者表示，默克尔这位德国历史上的首位女性总理候选人在辩论中的表现要好于他们的预期。

当然，一场电视辩论并不能决定大选的最终结果。民意调查显示，只有13%的被调查者认为此次电视辩论将改变他们在大选中的选择，87%的被调查者表示不会因此而改变他们的决定。

这场电视辩论结束后，细心的媒体突然发现，默克尔在辩论中几乎原封不动地抄袭了美国前总统里根在 1980 年竞选总统时发表的一次讲演中的几句话。

25 年前，里根在演讲中说，美国公众需要在他和竞争对手卡特之间作出选择。他说："你们现在过得比 4 年前好吗？现在我们国家的失业率比 4 年前低吗？如果你们对这个问题的回答是肯定的，那么我想应该选择我还是卡特将是一个很容易作出的决定。"

而默克尔在电视辩论中也是这样问德国公众的："我们的国家现在比 7 年前好吗？现在的经济增长更快吗？失业率更低吗？如果你们对这 3 个问题的答案是肯定的话，那么我想你们是选择我还是施罗德将是一个容易作出的决定。"

里根接下来说："如果你们持不同的观点，而且不希望我们的国家继续沿着 4 年前的路走下去，那么我可以成为你们的另一个选择。"

默克尔的话是："如果你们持不同的观点，而且不希望我们的国家继续沿着 7 年前的路走下去，那么我可以成为你们的另一个选择。"

这一"抄袭"事件一公布，社民党立刻攻击道："默克尔这样毫无顾忌地抄袭里根的讲话，与她这个人的人品很般配，她正在欺骗德国选民。"

处境尴尬的基民盟发言人不得不承认：默克尔在面对 2000 多万名电视公众发表的辩论结束语中"显然是受到了里根演讲的启发"。

与经验老到的施罗德相比，默克尔显然火候不够。接二连三的失误使默克尔失去了一些得分，更重要的是她过于激进的改革姿态吓倒了许多选民，这使得施罗德的社民党克服了竞争初期的劣势，拉近了与基民盟的距离，逐渐把基民盟一度领先两位数的优势缩小至 9 个百分点，施罗德甚至敢于梦想后来居上，赢得第三次连任。

　　形势对于默克尔变得严峻起来，也许她的政党联盟再难保证赢得单独组阁所需的选票，但她仍坚持自己的竞选原则，不愿改变以迎合选民。正如有媒体说的，在这一点上，默克尔科学家的性格显露无遗：黑白分明、不存在中间道路。

第二十章 ／ 为了每一张选票

> 选战还在继续，联盟党与社民党之间的竞争似乎陷入了僵局。两位候选人默克尔和施罗德针锋相对，两人的竞选团队也是各不相让，因为两党之间的差距实在是微乎其微，所以他们要为了每一张选票而拼个你死我活。微妙的平衡持续着，僵局随时有可能被打破。

微乎其微的差距

2005 年 9 月 18 日，德国第十六届联邦议院选举正式举行。

基民盟、社民党以及其他各个政党都摩拳擦掌，声称"即使是最后一分钟也要为每一张选票而战"。德国民众的参与热情也很高，有近 78% 的选民参加了投票。

施罗德和他的夫人在他们住处附近的投票站投了票。施罗德夫人引用施罗德的话说："如果太阳笑了，那就是社民党造成的。"那天，德国各地果然天气晴朗、阳光普照。

中午过后，默克尔在丈夫绍尔的陪同下，在柏林参加了投票。默克尔投票的地点是柏林洪堡大学食堂，她在那里受到了选民的热烈欢迎。那里挤满了记者，她在一片闪光灯下把选票投入投票箱。作为挑战者，默克尔无所失而希望有所得，因此采取了攻势。在此前17日法兰克福汽车展上，默克尔呼吁德国企业界给她支援。转场到波恩，她向大约7000名听众呼吁："请投票赞成变革，因为德国需要有前途的未来。"

但选举的结果却让默克尔十分郁闷：她领导的反对党联盟（基民盟/基社盟）只得到35.3%的选票，仅比社民党多出0.9个百分点。而在5月份的民意测验中，默克尔高出对手整整20个百分点，直到几天前还领先6—7个百分点。联盟党的一位工作人员纳闷道："我们怎么会在两天内丢掉7%的支持率？"

政治分析家们也大跌眼镜，因为大选前，德国政治的走向比较清楚，默克尔一方被普遍看好，但结果却是两大主要政党均被削弱，大选没有真正的赢家。为何会如此？有人将默克尔痛失好局归因于她政治经验不足，个人魅力也不够强，在电视辩论中丢分太多；也有人认为默克尔方面对选情过早地估计乐观，宣传和组织工作有所松懈，以致最后选情大跌；还有人认为是施罗德凭借丰富的政治经验和老练的竞选技巧，硬是将社民党从失败边缘拉了回来，同时将默克尔的联盟党也拖下了水。

但根本的原因是选民对这两大党均存在狐疑，或者说它们各自的政策都没有得到主流大众的认同。虽然德国人对施罗德不满意，但对默克尔也一样不那么放心——说不定还不如施罗德呢？犹豫的结果就是选票投成了这个样子：没有哪一个政党取得了胜利，也没有哪一个政党认为自己失败了，形成了一个没有结果的选举结果，这使得无论是施罗德领导的社民党，还是默克尔领导的反对党联盟均未能在议会中占有过半数席位，所以必须选择与其他 3 个党派结盟，才能凑够席位组建政府。根据德国法律，新议会必须在 30 天内开会选出新总理，这样留给两党与其他党派谈判的时间只有一个月。

德国共有 5 个主要政党，各以一种颜色作为自己的代表色：基民盟是黑色，自由民主党是黄色，社民党和左翼党是红色，至于绿党，则色如其名。历史上，德国政坛一向是"黑黄联盟"对"红绿联盟"，现在一夜之间变成了四色杂陈。

策反之战

为了赢得组阁权，施罗德和默克尔之间展开了一场策反之战。

由于在选举结果刚刚公布时，基民盟和社民党就已经排除了和新成立的左翼党联合组阁的可能，因此剩下来可供选择的联盟方式就只有两个："牙马加联盟"与"交通灯联盟"。"牙买加联盟"是指默克尔的联盟党与其传统的盟友——自民党联手，同时策反原与社民党结盟的绿党，这样就能构成足够组阁的议会多数席位。这三党的颜色黑、黄、绿在一起，恰好与牙买加国旗的颜色相同，因此被称为"牙买加联盟"。

"交通灯联盟"指的是以红绿色为代表的社民党与绿党说服以黄色为

代表的自民党加入，形成与交通灯颜色相同的红黄绿三党联盟来组阁。

这两种联盟的共同点都是由一个大党联合两个小党共同执政，总理职位由联盟中的大党领袖出任，这也是默克尔与施罗德摆脱对方、顺利登上总理宝座的最佳途径，但这两种组合的难度在于都必须策反一个原来与自己为"敌"的小党，使其改换门庭。

施罗德的社民党率先行动，想点亮"交通灯"，在大选结束的第二天，施罗德便向自民党发出组阁谈判邀请，然而他的主动示好换来的却是自民党主席的兜头一瓢凉水，该党主席威斯特维勒表示，他的党只可能参加由联盟党领导的执政联盟，任何与宿敌——社民党联合的可能性都不在考虑之中。其后，不死心的社民党还在想尽办法与自民党接触，而自感身价倍增的自民党主席明确地说，社民党的"最新邀请"已成为对他的"不道德的折磨"，并明确予以拒绝。这样，施罗德打算组建"交通灯联盟"的幻想只能胎死腹中。

默克尔方面则试图组建"牙买加联盟"，她向绿党发出组阁谈判的邀请。绿党虽然一贯指责黑黄两党是反生态保护和反社会福利的"冷血"政党，但开始并没有拒绝邀请，同意举行谈判，这使默克尔方面看到了一线希望。但是，随后举行的组阁谈判只进行了一个半小时就宣告破裂。默克尔在会后表示，双方分歧太多。虽然默克尔还不想就此关上对话的大门，但绿党两主席之一的比蒂科菲尔却明确表示，由于默克尔不打算放弃她们的"新自由主义、激进市场主义和反生态政策"，"我们认为没有任何可能再做进一步会谈"。

自民党和绿党这两个小党都坚决拒接两个大党抛来的橄榄枝，因为他们害怕一旦为眼前利益而背叛自己的政治理念，今后将被自己的选民彻底抛弃，所以甘愿沦为在野党也不会妥协。

联合的可能性

"交通灯"熄灭了，"牙买加旗子"也打不起来，这样就剩下了最后一种选择：以红色为代表的社民党与以黑色为代表的基民盟／基社盟联盟党组合为"红黑联盟"，组成"大联合政府"，两党共同执政。这种联盟在议会中将占据70%的席位，是一种最稳定的政治格局，这也被称为是两个大党的"大象婚礼"。尽管两大党在选战中争得你死我活，但双方提出的施政方案也有许多相似之处，因此联手也有一定的基础。在德国历史上，大联合组阁也曾经出现过一次，那就是1966年，基民盟和社民党结成了大联合政府，并一直坚持到1969年。德国媒体认为，在目前情况下，"这是唯一的也是最佳的办法"。

但这个"婚礼"要举行也很困难。

在大选结束的当晚，施罗德双手相握，高举过头顶，摆出一副胜利者的姿态，说："您真的认为本党会与默克尔夫人谈判吗？默克尔夫人要想当总理的话，就得不到（与社民党的）联合。"

而默克尔也针锋相对："只有议会第一大党才有资格组建政府。我会想办法与社民党对话。"言下之意，总理非她莫属。

在与其他党派谈崩后，联盟党和社民党就共同组建大联合政府的可能性进行了意向性磋商。由于施罗德和默克尔在会谈中依旧坚持表示自己应该成为下届德国总理，此次会谈没有达成具体协议，不过双方没有把门关死，还是商定将举行第二轮磋商。

究竟应该由谁来出任总理成了组建大联合政府的头道难题，因为这不是一个简单的总理人选问题，而是两党均不愿承认自己在大选中失败，这是很关乎面子的问题。

为了解决这个难题，有人提出了一个"以色列版本"，这就是在大联合期间，施罗德和默克尔都退居幕后，不出任总理，由社民党和联盟党轮流坐庄，由各自另选人各任两年总理，就如同1984年以色列佩雷斯领导的工党和沙米尔领导的利库德集团达成的协议那样，轮流执政。

但是这个版本很快就碰壁了，在大选后举行的联盟党议会党团会议上，默克尔再次以98%的高票当选议会党团主席，表明了联盟党对默克尔的坚定支持。而施罗德凭借其党内威望，也是无人可替的。德国媒体认为，把施罗德和默克尔这两个总理候选人撂在一边，对这两个党都无疑是一场"政变"，是很难行得通的。

看来，红与黑，还得谈。而要打破僵局，只有遵循政治的黄金法则：妥协。

打破僵局

在经过长时间的拉锯式谈判后，联盟党和社民党这两头德国政坛"大象"终于在 10 月 10 日最终达成"结婚"协议：联盟党领导人默克尔将出任下届总理，取代执政 7 年的施罗德；而社民党以放弃总理职位为筹码，获得 8 个内阁职位，超过联盟党的 6 个内阁职位。具体的权力分配是：社民党将获得外交、财政、劳工、司法、卫生、运输、环境和发展部 8 个部长职位，而联盟党成员将入主经济、国防、内政、农业、家庭和教育 6 个部，由基民盟秘书长出任总理府部长。

施罗德与默克尔之间马拉松般的总理之争结束了，可以说这是一个双赢的结果，德国选民们终于可以松口气了。德国柏林自由大学政治学教授尼德迈尔说："德国已经陷入僵局 3 周了，我们经不起更长的停顿，现在是主角们停止争论的时候了。"默克尔终于得到了她梦寐以求的名分，就要完成她个人计划最辉煌的一笔。在 10 月 10 日举行的联盟党记者招待会上，默克尔笑得是那么灿烂，数月来，因竞选紧张而带来的疲惫一扫而光。当年，她曾誓言有朝一日把施罗德"逼到墙角去"，如今她做到了。

一位女记者向默克尔提问："（您即将就任德国总理）您现在的感觉好吗？"在全场欢笑中，默克尔微笑着回答："我现在很好。"但随即表情严肃地说："但摆在我面前的任务很艰巨。"

默克尔说的是真心话，她深知，社民党与联盟党建立红黑联合政府虽然解决了总理危机，但将在今后的运转和政策制定以及执行上产生新的问题。联盟党与社民党在税收、劳动政策和医疗保健问题上分歧严重：社民党更注重社会公正和公平，顾及穷人的利益，注意缩小贫富差距；而这几年，德国经济不景气，失业率居高不下，联盟党因此主张减少税收、削减社会福利、给企业松绑、放松关于解雇工人的管制、给企业更加宽松的运行环境，以此来激活经济、带动就业，但这些政策在搞活经济的同时对中下层人士及失业者却构成了威胁。现在两党虽然组成了联合政府，但也许只是意味着两党斗争场所的转移，而不是结束。如同分析家指出的，"大象的婚礼"是"没有爱情的婚姻"。

由于默克尔对社民党作出了巨大让步，把内阁中许多重要职位都交由社民党担任，如此一来，她要想推行的一些计划就很可能会因为社民党部长的反对而夭折。

另外，按照德国法律，默克尔的新政府还须经过议会批准。议会的表决时间是 11 月 22 日。虽然一切似乎已经是板上钉钉，但世事如棋，谁知道届时又会发生什么呢？

默克尔还须耐心等待一段时间，看命运的天平究竟能否偏向于她。

第二十一章 ╱ 施罗德的离去，默克尔的上位

> 2005 年 11 月 22 日，对于默克尔来说，这是圆梦的一天，因为她终于战胜了自己政治生涯中最难缠的对手施罗德。现在，默克尔是德国总理了；现在，她已经站在了欧洲之巅。

德国政府的首位女总理

11 月 22 日，是默克尔政治生涯中最重要的一天。

早晨 7 点刚过，默克尔就离开了她位于柏林市中心博物馆岛上的家，前往议会。她穿的是一套优雅大方的黑色西装，并佩戴了一条精致的红宝石坠金项链。社民党一位议员看到默克尔的打扮时脱口而出："黑色西服配红色项链，这是大联盟政府的颜色呀！"

上午 10 点，在德国议会大厅里举行的不记名投票正式开始，默克尔始终面带微笑，表情轻松地同其他议员一起投票，她的父母和兄弟则坐在旁听席上紧张地等待结果。

614 名议员参加投票，投票结果是：在 611 张有效的选票中，397 票

赞成、12 票弃权、202 票反对。议会议长拉默特在计票结果公布后说："亲爱的默克尔女士，您是德国政府首位民主选举的女总理。对女士来说，当然，对于一些男士来说也一样，您的当选都是一个强烈的信号。"拉默特的话引起会场里笑声一片。默克尔则笑着回答："议长先生，我接受选举结果。"已成为"下岗总理"的施罗德颇有风度地第一个走上前来祝贺，默克尔微笑着伸出了胜利者的手。随后，掌声、欢呼、鲜花、拥抱迅速包围了这位 51 岁的新总理。

397 票赞成的结果也创造了德国战后 8 任总理所获得的联邦议会确认票数之最。但有些扫兴的是，有 51 位红黑联盟的议员选择反对默克尔。"这不算是个很好的结果。"默克尔的总理府办公厅主任说，"但也不算太坏。"下午 2 点，默克尔参加了总理宣誓仪式，她高举右手，面对德国《基本法》宣誓就任新一届德国总理："我发誓，我将致力于德国人民的福祉，增加收益、规避损失、遵守和保护《基本法》和联邦法律，认真履行我的职责，并为每个人主持公道。"

15 点 11 分，在夏洛腾堡宫，德国总统克勒将深蓝色的委任书郑重地、一一地交到默克尔和她的 15 名内阁部长手上，并鼓励他们采取可持续的政策，"把已经开始的改革坚定地推行下去，并赢得人民的信任"。

17 点 07 分，约 400 名总理府工作人员在总理府大厅台阶前依次站立，迎候新总理默克尔，并向前任总理施罗德告别。默克尔感谢施罗德所做的工作，称赞施罗德政府所推行的《2010 年改革议程》等一系列改革计划具有里程碑意义。施罗德将同事们送给自己的一束黄玫瑰递给默克尔，并祝愿她好运。

两亿美元的"洗衣机"

　　价值 2 亿多美元的总理府是一幢 9 层的现代化建筑，与之相比，美国的白宫只能算是小巫见大巫，英国唐宁街 10 号的首相府邸则完全可以放入它的侧楼里。因其主楼呈四方形，南北两侧的窗户像滚筒洗衣机的门，因此柏林人戏称这座建筑为"洗衣机"。

　　默克尔表示，她将只会在总理府办公，不会在总理府内的豪华公寓过夜，她和丈夫将继续住在市中心自己的公寓里。她在接受《明镜》周刊采访时说："我想我会继续做土豆汤并过一种正常的生活，总理职务不会完全改变我的生活。"

　　虽然不住在里面，但按照传统，新主人将按照个人喜好来重新设计总理办公室的装修风格。由于施罗德当初将办公桌牢牢地镶嵌在地板上，如果要搬走，就会在地板上留下几个坑，所以现在看来，不管默克尔乐不乐意，恐怕都只能接受前任的办公桌了。总理办公室大约有 142 平方米，蓝灰色办公桌上摆放着 3 部电话，每一部都配有同声传译听筒，方便她与外国首脑"热线"沟通。一旦遇到紧急情况，她可以触摸桌子下面的报警器，保镖会立即出现在眼前。她有 9 名保镖跟随左右护驾，司机每星期会把她的衣服送去干洗，有专门的理发师定期为她整理发型——省得别的理发师又去争功，总理府大厨会为她烹制拿手的烤猪肘配豌豆泥。

　　不过，在总理府办公也有可能会让新主人窝心的地方，最主要的就是它那设计得很艺术的厕所。这厕所3面都是玻璃，固然在方便时能看得见外面的风景，但外面也能看见里面。当年施罗德就抱怨过："任何人有一个望远镜就可以在外面看到我。"现在，默克尔在里面"办公"，恐怕就更不方便了，不知她会如何解决这个问题。

　　由于默克尔决定继续住在自己的公寓里，因此德国政府着手对她家进行装修，并将所有玻璃换成80毫米厚的防弹玻璃。虽然默克尔家离办公室不远，可以步行上班，但政府还是为她配备了3辆有车载电话和传真的防弹汽车。此外，一个下辖3架空客A310、6架挑战者喷气机和3架直升机的空军飞行编队将随时听从默克尔调遣，她可谓威风八面。

　　不过，对这位新总理的称呼似乎有些麻烦，德国政府礼宾司建议称呼默克尔为"女总理夫人"，直译成中文已有点儿语病了，但礼宾司官员强调这是对女性总理的尊重。据说，将来若是写给女总理的书信，正确的抬头应该是"尊敬的女总理夫人"。至于国际间的公文，正确的抬头则是"德意志联邦共和国女总理夫人、博士安格拉·默克尔阁下"。

悲壮地离去

  与默克尔的风光无限相比，失落的施罗德则显得黯然神伤。早在 10 月 12 日，施罗德在汉诺威出席工会会议时就含着眼泪说："我肯定不会在下一届政府中扮演任何角色，肯定不会。"虽然社民党主要领导人希望他继续留在政府内，最好出任副总理或外交部长，但施罗德表示他不愿在默克尔手下干，"那不是我为人生所做的规划"。《明镜》周刊说："谁都知道施罗德不会去做新政府的副总理或外交部长，他是那么傲气、那么有雄心、那么在意权力，有名无实的职位对他来说是一种羞辱。"

  在做"告别演说"时，施罗德情绪激动、泪光闪烁，不过他很快控制住了情绪，开始为自己的内外政策辩护，这位学徒出身的前总理认为美英实行的自由经济政策在欧洲行不通，并警告默克尔不要效法美英，认为那将造成一个缺乏人道主义的社会。

  10 月 14 日，施罗德前往法国，与法国总统希拉克共进"告别宴"。施罗德在步入巴黎爱丽舍宫前对老友希拉克说："让我们不要太伤感，否则，我们就要掏出手帕了。"

  11 月 19 日，施罗德在家乡汉诺威参加了军方为他举行的欢送典礼。三军仪仗队和军乐队列队从施罗德面前走过，同时演奏施罗德最喜爱的一些曲目。在挑选这些曲目时，施罗德夫人多丽丝提供了若干建议。当乐队奏起一首施罗德喜欢的老歌《My Way》时，在仪仗队士兵手持的135支火把映照下，施罗德热泪盈眶。

11月22日，议会投票选举新总理，施罗德也投下了他最后一票，因为此前他已宣布，投完票后他就将辞去议员职务，他表示自己不愿当后座议员，而要把位置留给年轻人。由于他后来表态支持默克尔担任总理，人们相信他的一票将投给默克尔。"从工人阶级的孩子到总理，这是一段漫长的道路。"社民党主席明特费林曾这样为施罗德做总结。现在，施罗德自称是个"自由人"了。关于他卸任后的去向，人们有很多猜测：也许他会去重操律师行当，也许会像他的意大利朋友透露的那样去学油画，因为他已经买了不少画布。

施罗德自己也曾告诉媒体，他准备写回忆录。最新的消息是，俄罗斯天然气工业股份公司在12月9日宣布，施罗德已出任该公司一个俄德合作的天然气管道建设项目的董事长，施罗德表示对新的工作"非常满意"，但这也招来了德国舆论对他与俄罗斯总统普京非同寻常的密切关系的批评——自普京掌权以来，施罗德和普京一共会见了32次，可说是私交甚笃。

不管怎么说，61岁的施罗德已经"悲壮地"离开了德国政坛，他的时代已经结束，而德国的一个新时代已经拉开帷幕，这就是默克尔时代。

第二十二章 ／ 新总理、新思路、新政策

默克尔从政已经 15 年了，在这段漫长的岁月里，她曾无数次地思索德国的国情和未来的发展道路，她早已得出了自己的结论，形成了自己的想法。现在，她是德国总理了，终于得到了施展自己抱负和才华的机会。崭新的总理、崭新的思路、崭新的政策，在默克尔领导下的德国将会进入一个崭新的时代。

"香水旋风"

随着默克尔上台，德国媒体评论说，德国政治进入香水时代——"德国女士"的风采会让日耳曼人耳目一新，她会像涂抹香水一样不时地推出新政策，但由于她的"无权女王"状态，政策可能来不及落实就挥发了。

从新政府的构成上看，社民党占据了 8 个重要的部长位置，这就犹如 8 堵高墙，使默克尔在推行自己的政策时难免受到掣肘。在外交方面，

施罗德的"和平政治"似乎已成为德国的外交教条，默克尔在大选中倡导的亲美疏俄的外交路线恐怕也难以执行。在经济上，由于社民党不放弃"社会公正"的原则，默克尔激进的新自由主义改革看来也得有所收敛。默克尔能干满 4 年吗？有人甚至断言，默克尔最多只能干 6 个月就得下台。

但是，分析家也指出，不能低估默克尔的能耐。乐观的评论家认为，默克尔将会把最糟糕的图像从德国身上抹去，改善整个国家的低迷情绪。不管人们如何评说，默克尔在上任伊始就按照她周密思考过的计划工作了。

就在联邦议会选举尘埃落定的第二天，默克尔闪电般出访，在欧洲掀起了一阵令人眼花缭乱的"女性外交旋风"。

默克尔秉承德国历届政府首脑的传统，把出访的第一站选在法国巴黎。在爱丽舍宫前，法国总统希拉克以绅士风度的吻手礼迎接她的到来。当希拉克将自己的胳膊搭在默克尔肩上时，默克尔则将手臂环绕在希拉克腰间，二人微笑合影。早在 2001 年，希拉克就在爱丽舍宫接待过时任基民盟主席的默克尔，当时他们还只是泛泛之交。而这次，希拉克对默克尔表现出相当大的热情。默克尔在新闻发布会上表示："我对于发展两国关系非常有信心。"站在她身边的希拉克则表示："对于这份伟大的友谊，我们深为感动，法德关系不同寻常。如果我们的关系有所疏离，欧盟将会运行不畅，欧洲就会犹如一辆坏掉的汽车。"但分析家也注意到，默克尔没有谈到施罗德时期经常强调的德法轴心，她只提到德法是欧盟重要大国，应该起到发动机作用。

当天下午，默克尔乘专机前往布鲁塞尔，但她没有先去拜访欧盟首脑，而是直接来到北约总部，与北约秘书长会面。舆论认为，默克尔是在给美国和欧盟发信号，德国政府将重新加强与美国的关系。默克尔承诺德国军队将积极配合北约行动，在反恐斗争中发挥作用，但她同时也强调，今后德国不会派兵到伊拉克。随后，默克尔会见了欧盟委员会主席巴罗佐，他们的中心话题是欧盟内部的财政争执，默克尔表示德国会在这个问题上积极进行协调努力。后来的情况证明，默克尔说到做到，果真妥善地解决了这一问题。此外，默克尔还表示要加强与欧盟小国的关系。德国官方也随后宣布，默克尔还将访问波兰并在柏林与捷克总理会晤。从布鲁塞尔回到柏林事稍休息后，24日她又飞赴英国与首相布莱尔会面。

由于对伊拉克战争立场的不同，德国前总理施罗德与布莱尔之间的隔阂越来越深，默克尔此行意在弥补裂痕。默克尔对布莱尔说，德国十分看重与英国保持良好关系，并建议恢复两国间自1998年红绿政府上台以来停止的定期会谈。

27日，默克尔又马不停蹄地访问了西班牙。默克尔的这次欧洲之行体现出了德国外交政策的延续性，也展现了她的外交风格，即更重视平衡，在个人魅力上重在建立坦诚气氛。

默克尔通过欧洲之行展示了她作为德国女总理的新形象，显示了她的外交天分，在国际舞台上赢得了头彩。

铁腕与猛药

在内政方面默克尔深知，要重振德国，关键在于能否使德国这个欧洲曾经的经济发动机强力运转。11 月 30 日，默克尔在议会发表首次施政演说，表示希望在 10 年之内，使德国在经济增长、创造就业岗位和教育方面重新跻身于欧盟国家前 3 名之列。

结合默克尔在其他场合提出的主张，可以看出她为振兴经济开出的药方。最出人意料的是，她一反选举前提出的"减税"口号，宣布自 2007 年开始将增值税率从 16% 提高到 19%，年收入超过 25 万欧元的单身个人和年收入超过 50 万欧元的夫妻税率由 42% 提高到 45%。默克尔解释说："我们根本没有减税的空间，我们必须承认政府的财政状况比噩梦还糟。"

同时，在今后 4 年将通过出售国家在电信和邮政部门所持的股份以及不动产，以获得 540 亿欧元的收入。与开源对应的是节流，默克尔宣布：在 2010 年前削减大约 8000 个岗位，约占政府公务人员总人数的 2.5%；取消政府工作人员的圣诞节奖金、削减公交补贴，从 2007 年开始政府不再提高养老保险补贴，2008 年后将不再提供医疗保险补贴。政府还规定，企业录用人员的试用期从 6 个月延长至 2 年。

默克尔为解决德国经济问题，可谓是下了猛药，仅增税一项就招来了一片骂声。但骂归骂，默克尔是铁了心要改变所谓"莱茵模式"的社会经济发展模式。

"莱茵模式"强调劳工权利和福利措施，从儿童津贴、病假补助、医疗保证、住房补贴、失业救济到养老保险等，国家几乎包下了一个国民从摇篮到坟墓的所有福利，这固然好，但也导致企业劳动成本和失业率居高不下、政府财政不堪重负。一些失业工人的社会福利待遇甚至超过低收入者的收入，致使一些人宁愿在家待着也不愿从事低收入工作。媒体曾报道，一个社会救济金领取者长年居住在美国佛罗里达州风景优美的海边，优哉游哉，而德国政府每个月都给他汇去足以保证衣食无忧的救济金。更有甚者，一个参保者服用"伟哥"以"提高生活质量"，其昂贵的药费经法院判决由保险公司承担，"莱茵模式"成了养活懒汉的"大锅饭"。默克尔下决心要做的就是"现在就开始采取一些不太受欢迎的措施，以免明天面对更不得人心的结果"。在要"福利"还是要"活力"的两难选择中，默克尔体现了她铁娘子的一面。

解题高手

德国最新的一份民意调查显示，只有38%的民众认为默克尔政府将给德国经济带来复苏，58%的民众则认为这是不可能的。究竟可能不可能，出水才看两腿泥，人们拭目以待。默克尔就职一个月便遇到了一系列棘手的问题，但凭借高超的外交和政治手腕，这些难题在她手里被一一化解。

一件是人质事件。11月29日，德国电视台报道，一名德国妇女在伊拉克被劫持。劫持者威胁，除非德国政府停止同美国支持的伊拉克政府合作，否则他们将杀死这位妇女和她的司机。这名德国妇女叫苏珊·奥斯特霍夫，43岁，是一名考古学家，说一口流利的阿拉伯语，自2003年起志愿在伊拉克医院工作。由于默克尔曾表示德国新政府将继续执行前政府帮助伊拉克在境外训练其安全部队的政策，这一绑架事件使她面临考验。默克尔当日严厉谴责绑架事件，要求绑架者立即释放人质。

默克尔表示，德国外交部已成立了特别危机处理小组，政府将竭尽所能确保人质的人身安全。第二天，默克尔在议会演讲时指出，恐怖主义是当今国际社会面临的最大挑战之一，德国将继续坚定地、毫不松懈地打击国际恐怖主义。默克尔强调："我们不会容忍敲诈。"

在经过一番努力后，德国外交部长施泰因迈尔于12月18日宣布，在伊拉克遭绑架的女考古学家苏珊·奥斯特霍夫已经从绑架者手中解脱。目前，她在德国驻巴格达大使馆中得到妥善照顾，健康状况良好，但他并未透露奥斯特霍夫获释的细节，据说德国政府为此支付了一笔赎金。施泰因迈尔说，绑架者也已经宣布计划释放奥斯特霍夫的司机。至此，人质危机顺利解决，默克尔一出手就漂亮地得了个高分。

另一件事是关于德国人马斯里。德国籍黎巴嫩裔公民哈立德·马斯里40多岁，家住德国的乌尔姆市。2003年12月31日，他在休假途中在马其顿和阿尔巴尼亚的边界被美国中央情报局的特工人员秘密逮捕，并被怀疑为"基地"组织高级成员。此后，他曾被带到阿富汗关押受审。据他本人事后说，他在关押中受到虐待，但马斯里与恐怖活动没有任何牵连，中央情报局显然搞错了。据报道，很可能是发生了重名的错误。2004年5月底，马斯里在遭绑架5个多月后被悄悄释放。

马斯里被绑架秘密关押受审事件在2005年初就被美国的《纽约时报》报道出来，事件本身已不新鲜，但是在欧洲舆论纷纷追究美国在中东欧设立秘密监狱，无视欧洲国家主权秘密运送恐怖嫌疑分子穿越欧洲领空、领土之时，该事件作为一个典型的例子受到舆论界的格外重视。

自从美国发动伊拉克战争以来，德国和美国的政治关系就陷入了持续冷淡的状态。施罗德下台、默克尔上台本来是修复德美关系的一个契机，然而马斯里事件却使得这种修复变得复杂起来，默克尔必须对这一事件表明态度。

适逢美国国务卿赖斯为平息闹得沸沸扬扬的"黑狱事件"到欧洲游说访问，赖斯也对德国做了访问。12月6日，默克尔在与赖斯会晤中谈到这一事件。会晤后，默克尔在联合新闻发布会上说，这件事已经"被美国政府承认是一个错误"。对于默克尔这一"先声夺人"，赖斯则抛出一套巧妙的外交辞令："我的确对总理说，一旦或如果犯错，我们会非常努力并以最快速度改正。有时，任何政策都会出错。"

赖斯前脚刚走，后面就有多名美国高级官员出面"澄清"，暗示默克尔误解了赖斯的本意，只是赖斯没有当场纠正这个"误解"而已。一名不愿公开自己姓名的美国官员甚至说："我们搞不懂她（默克尔）脑子里想的是什么。"默克尔面临着来自美国的外交挑战，媒体也从中嗅出了火药味。《柏林晨邮报》的头版头条标题写道："中情局事件：默克尔总理激怒美国。"英国《金融时报》德文版的文章说："当涉及个案，美国不仅没有道歉，连'错误'这个字眼都不能接受。"在这种情况下，一心想修复与美国关系的默克尔表现出了她不卑不亢的科学家个性：对就是对，错就是错。由德国政府发言人出面，默克尔表明了自己在马斯里事件上的鲜明态度。发言人对记者说："我可以告诉你们，总理的声明，正如她昨天所说的那样，真实有效。"外交中无戏言，这就是默克尔的风格，哪怕为此得罪美国。

第三件事是欧盟预算问题。12 月 17 日，经过长达 3 天的艰苦谈判，在布鲁塞尔举行的欧盟首脑会议终于就 2007—2013 年中期预算编制这一最大的焦点问题达成一致，从而避免了欧洲宪法未获通过等原因而造成的欧洲危机进一步扩大。欧盟委员会主席巴罗佐表示，虽然最后达成的协议"并非完全如欧盟委员会所愿"，但足以使"欧洲免于陷入瘫痪"。这份新的预算案将推动欧盟的经济改革，并为建设一个"扩大的、开放的和现代化的欧盟"扫清一个主要障碍。而在此次谈判中，默克尔"发挥了特别重要的作用"。

首脑会议谈判最棘手的问题是英国在缴纳会费中所享受的折扣优惠问题。布莱尔在会上提出了一个所谓的修正条例，希望在新的财政年度结束之前完成对欧盟财政计划的彻底改革，其中主要涉及的是大量农业补贴，但这一方案受到在农业补贴上获益的法国等国家的坚决反对。英法两国首脑各持己见、互不相让。英国欧洲部长亚历山大早就宣布："谈判空间很小。"英国政府发言人声明，即使欧盟峰会失败，英国仍然不会放弃明年的折扣要求，不可能出现比现在更好的报价。由于各方立场相差甚远，媒体普遍认为此次欧盟首脑峰会很可能会无果而终。

在谈判陷入僵局之际，德国女总理默克尔积极扮演了协调人的角色。在以往的欧盟峰会上，前任总理施罗德通常是先与法国总统希拉克私下达成协议，再与其他国家讨论。欧盟其他国家早就感到德法两国向来喜欢强加于人，因此英国和一些小国常常提出不同方案，从中作梗。此次峰会面对英法对峙局面，默克尔不偏不倚，既与希拉克反复磋商，也与布莱尔频频接触。默克尔行事小心翼翼，一方面不得罪法国，另一方面又巧妙地与英法双方都保持距离。在与英法共同协商的基础上，默克尔建议每个成员国将缴纳会费额从国民生产总值的 1.03% 提高到 1.045%，这样既不会影响各国的财政预算，又可将这笔钱用于对新成员的补贴，从而使英国会费"折扣"的压力得到减轻，默克尔的建议得到了包括英法在内的多数国家的支持。

"笼罩在欧洲上空的乌云终于消散。"默克尔长舒了一口气，而欧盟各国媒体则对默克尔大加赞赏。英国《时代》周刊的标题新闻是："物理学家默克尔找到了魔力方程式。"文章说，在欧盟峰会陷入僵局之际，默克尔以其务实的工作作风，提出理智的建议，扭转了峰会败局。曾有媒体把英法矛盾形容为欧盟"口袋里的蝎子"，在默克尔平息了英法关于欧盟预算的争吵后，德国一家周刊幽默地说："默克尔就是这样一个把蝎子驯服的人。"路透社的文章指出，默克尔扮演了在英法两国之间矛盾冲突中斡旋的角色，她使英法两国都作出了让步，从而使自己在欧洲舞台上站住了脚。法国报刊谈到，在其他欧盟大国首脑任期行将结束之际，一颗德国政治新星脱颖而出，她的出现将使欧盟政治格局发生变化。

英国一家报纸更是将"欧洲小姐"的名称送给了默克尔。《费加罗报》就此评论说，此举虽然走得远了点儿，但默克尔初登欧洲政坛的表现的确让人印象深刻。她游刃有余地使欧盟预算争吵得到平息、各方达成妥协，她既使得布莱尔让步，也未得罪希拉克，更使波兰高兴，因为德国把自己从欧盟得到的1亿欧元返款打入给波兰的发展援助款。默克尔真是"玩得太艺术了"。如果有什么"默克尔诀窍"的话，那就是她作为一个前科研工作者务实、谨慎和处理问题的精确。

世界杯经济

2006 年，新年第一天，维也纳金色大厅里正在举行新年音乐会。人们发现，德国女总理默克尔和她的丈夫绍尔也出席了音乐会。默克尔在前排就座，而绍尔作为"家属"，则坐在第二排。

默克尔的新的一年在音乐声中开始了，这一年对她来说充满着希望和挑战。

在此之前，默克尔发表了新年贺词，她表示，新组建的大联合政府会在新的一年中确定了更大的目标并完成这些目标，德国有潜力解决国内的经济和社会问题。她再次重申，会将德国塑造成欧洲经济最有活力的国家之一，会深化社会保障及财政改革。

默克尔更鼓劲儿地说："只要每位居民都付出努力，10 年后，德国将成为领导欧洲的国家。"她还特别提到了 2006 年将在德国举行的世界杯足球赛，她说届时德国将再次成为世界瞩目的焦点。2006 年将是默克尔作为"足球总理"的一年。在德国竞争 2006 年世界杯举办权中，前总理施罗德作出了突出的贡献。布莱特曾这样说过："2006 年世界杯在德国举行是 K—K 合作的结果——Kanzler（总理）和 Kaiser（恺撒）。"为了表彰施罗德的功绩，德国足球协会授予他"荣誉会员"身份，当时默克尔站在一旁鼓掌祝贺，她还幽默地对曾在业余球会 TuSTalle 担当过中锋的施罗德说："我们两人在其他领域是竞争者，但我敢肯定，如果要罚点球的话，我肯定不如你。"按照德国媒体的说法，"足球消除了政治分歧"。默克尔从施罗德手中接过一个政府的同时也接过了德国足球，接过了 2006 年世界杯。德国《图片报》就世界杯专访了默克尔。

默克尔说："我不会把自己看作是一位足球方面的专家，关于战术和比赛，有其他的人比我懂得更多。但是，我一直是一个狂热的球迷。当初在民主德国就是如此。"她回忆说，1974 年世界杯举行时，她还在莱比锡大学读一年级。她和朋友们一道通过电视观看了民主德国和联邦德国两个队的比赛。她说："我们根本不知道自己应该为哪支德国队加油，因为我们同样很崇拜贝肯鲍尔和盖德·穆勒所带领的那支充满伟大球员的球队。1972 年在欧洲杯上夺冠时我们就开始喜欢他们了。"默克尔说，在 1990 年以后，她也经常到现场看球。谈到 2006 年德国世界杯，她说："众多游客和电视观众应该会认识到一个美丽、好客而且对世界开放的德国。许多人将聚集一堂，欢庆足球的盛会，同时结下友谊。"默克尔也强调了世界杯期间的安全保卫工作，她说："……我可以非常肯定，他们（安保人员）会尽一切努力，保证足球会成为中心。混乱在我们的世界杯上将无处寻觅。"

2005 年 12 月 10 日，2006 年世界杯抽签仪式举行，默克尔出席了这一隆重的仪式。分组结果出来后，默克尔像大多数德国球迷一样感到满意，她表示要尽可能多地观看德国队的比赛，此外还有阿根廷和巴西的比赛。对于德国队的前景，这位"足球总理"充满自信："夺冠？为什么不？我确信，因为我们国家队在世界大赛中的表现一直都很出色，而且主场的优势将起到至关重要的作用。"默克尔还开玩笑说，和夺得世界冠军的德国女足相比，男足还得加把劲儿。她说："我会在适当的时候出现在球队面前，就算是他们最终只获得亚军，我也会支持他们。"她还表示，她很希望认识德国队主教练克林斯曼，她说："尽管他在总理竞选中一直支持施罗德。"

默克尔对世界杯表现出极大兴趣，不仅是因为这可以让她这个球迷实实在在过把瘾，还因为世界杯将给德国带来巨大经济效益，有助于她实现复兴德国经济的目标。

莱茵兰—法尔茨银行研究组负责人斯特凡·施泰布预测，世界杯将拉动德国经济增长 0.3 个百分点。施泰布预言，这场足球热潮将吸引世界各地的球迷前来观战，届时旅店将比以往多接待 500 万人次留宿，旅游业直接收入将达 15 亿欧元。球迷购物将给主办国带来 10 亿欧元收入，交通和通讯方面的收益也差不多。德国第一付费电视公司因拥有全部比赛的直播权，预计 2006 年的用户将激增 37 万人，与之相关联的电视机制造厂家也能大捞一把，世界杯的受益者还包括票务公司和体育博彩业。德国经济部的一份报告也乐观预测，世界杯将在 3 年内为德国带来 30 亿欧元的收入，还可为德国创造 4 万—6 万个职位，舒缓就业市场的压力。

当然，默克尔不能完全指望世界杯来振兴德国经济，也开始采取一系列措施来刺激经济发展，其中包括通过一项 250 亿欧元的公共投资计划，以推动经济增长和就业。

也许是默克尔领导的大联合政府出手不凡，也许是"人走时运马走膘"，默克尔赶上了好时候，多项经济数据表明，德国经济正在复苏。默克尔上台才 2 个月，统计显示，德国的工业信心指数已升至 5 年来最高水平。德国批发和外贸联合会预计，2006 年德国出口增长率有望达到 8%。此外，德国零售业在经历了 3 年衰退后开始好转，德国的劳工市场也出现了好转迹象。2005 年 12 月份，德国失业率经季节调整后，从 11 月份的 11.4%下降至 11.2%。德国联邦劳工局认为，当年冬季德国的失业人数不会突破 500 万大关。

德国一些经济研究机构预测 2006 年德国经济增长率为 1.7%，高于 2005 年的 1.1%。德国政府原先预计的 2006 年经济增长率是 1.2%，现在调高到 1.5%—1.8%之间，表现出谨慎的乐观。

第二十三章 ╱ 欧洲的领袖，权力的巅峰

> 现在的默克尔已经完完全全是一个成熟的政治家了，她拥有了作为一个政治家所需要的一切素质。该冷酷的时候冷酷，该和蔼的时候和蔼，该坚持的时候坚持，该妥协的时候也会毫不犹豫地妥协。正是这些素质保证她可以牢牢地站在权力的巅峰，她不仅是德国的领袖，更是欧洲的领袖。

大国外交

在国内经济稍显暖意的同时，默克尔又开始了她新一轮的外交旋风。这次是几个重量级大国，首先是美国。

2006 年 1 月 12 日，默克尔飞抵华盛顿，并于当晚在白宫走过红地毯。在接下来的不到 24 小时里，默克尔先是同布什总统进行了 45 分钟的单独会谈，接着又进行大范围会谈，此后布什设午宴款待默克尔，布什夫人劳拉也出席了午宴。布什同默克尔的会谈时间加在一起长达 3 小时，显示了

对默克尔的重视和热情。默克尔自称："我感到来到了朋友们中间。"

双方就众多的国际问题交换了看法。布什称这次会谈"非常积极"，并在新闻发布会上对默克尔大加赞扬，称默克尔十分"聪明、能干"。默克尔也认为，她与布什的会谈坦诚、友好而充满信任。她的访问极为成功，德美关系可以翻开一个新的篇章。其实，在默克尔访美之前，德美关系就出现了升温的势头。2005 年 11 月，默克尔就任总理不到一周就派外长施泰因迈尔访问了美国，随后美国国务卿赖斯在 2005 年 12 月访问了欧洲，首站就是德国。

尽管默克尔通过外交活动寻求与美国改善关系，但她并未给人"一头扎进山姆大叔怀里"的印象，她不止一次谈到德美双方在"判断和感受"国际恐怖主义的直接危险方面存在分歧。在美军关塔那摩监狱问题上，默克尔在访美之前曾语出惊人："像关塔那摩这样的机构不能，也不允许长期如此存在下去，必须找到对待俘虏的其他手段和途径。"此次访美，默克尔直率地建议美国关闭关塔那摩监狱，但布什并不接受她的建议。

布什在记者招待会上称关塔那摩是"保护美国人民的必要的一部分"，而且只要反恐战争还在继续进行，关塔那摩基地就有必要存在。

在伊拉克问题上，默克尔表示德国仍坚决拒绝向伊拉克派兵，并承认这将成为德美关系中的"一个敏感问题"。布什也承认，伊拉克是两国关系中的"一个困难问题"，两国对此存在分歧，他对此有充分的理解和认识。

毫无疑问，修复同美国的关系已经成为默克尔对外政策的重点之一。为此，默克尔表示德国不但将加强在伊拉克邻国进行的对伊拉克军队的培训工作，而且还将加强同美国在阿富汗、巴尔干和中东和平等问题上的合作。此外，默克尔在伊朗核问题上同布什达成了共识。

但是分析人士指出，由于德国大多数民众都强烈反对美国发动的伊拉克战争等多方面的因素，德国新政府也不大可能与布什政府走得太近，而是要与美国保持一段距离。默克尔访美期间，在伊拉克和关塔那摩问题上的表态也显示了她"平衡外交"的风格。

继访美之后，默克尔又于16日晚抵达莫斯科，同俄罗斯总统普京会谈。有趣的是，这次会谈的主角，一个是出生在德国东部、能讲流利俄语的"铁娘子"，一个是曾在德国做过多年克格勃工作、能讲流利德语的"铁腕总统"，二人会谈时据说都没有用翻译。从表面上看，二人相谈甚欢。普京对默克尔说："我们在双边关系领域没有任何退步，因为自去年9月份我们在德国柏林会见时，就确立了进一步发展俄德关系的立场。"默克尔也表示，她对德俄经贸合作前景"充满兴奋之情"。但分析人士也指出，默克尔此番只在俄罗斯逗留6个小时的举动传递出德俄关系比施罗德时期降温的信号，俄罗斯《生意人报》将这种变化形象概括为"从爱进化到友谊"。该报指出："急于同美国重建紧密关系的默克尔已清楚表明，发展德俄关系不会如其前任般被摆在政策首位，但这并不意味着两国关系会突然变冷，作为依赖俄天然气的国家，德国不会放弃与莫斯科的战略伙伴关系。"德国约2/3的天然气来自俄罗斯储量丰富的北极地区。施罗德离职后，在俄德管道协会任职，这更加强了双方的联系。

对于德俄关系，默克尔在接受德国《明镜》周刊专访时说："我认为我们与俄罗斯并不持有太多共同价值观，但我们对俄罗斯能向负责任的方向发展保持浓厚兴趣。"这也显示出默克尔对俄罗斯的某种批评态度。

从默克尔访美、访俄来看，默克尔在处世风格上更多地表现出政治实用主义的色彩，在基本立场不变的前提下，不走极端路线，扮演有分寸的中间人角色，就如同她在华盛顿时所表示的，她的外交风格"是（德国前总理）赫尔穆特·科尔学派"。

中国式智慧

2006 年，默克尔还有一场外交重头戏——访问中国。

2005 年 12 月 1 日，默克尔的发言人说，默克尔在与中国国家主席胡锦涛的电话交谈中，接受了胡锦涛的邀请，将于 2006 年对中国进行访问，但他没有透露访问时间。发言人说，默克尔和胡锦涛都希望促进双边经济、贸易和文化联系。这将是默克尔与胡锦涛第二次见面。

2005 年 11 月初，中国国家主席胡锦涛对英国、德国、西班牙 3 个欧洲国家进行了为期 8 天的访问。分析家指出，胡锦涛此次是带着建设性的态度访问德国的，他既是接受施罗德总理的邀请，也是希望与未来总理默克尔可以相互熟悉并了解。德国 2005 年 9 月的提前大选暴露了诸多政治、经济问题，而对于未来执掌大权的默克尔来说，中国还是一个比较陌生的国家。

11月11日上午，胡锦涛在柏林下榻的饭店会见了德国候任总理默克尔。默克尔在会谈中表示，同中国发展长期稳定的关系具有重要意义，新的德国政府将坚持科尔总理以来德国政府的对华政策。而胡锦涛主席则送给默克尔一份丰厚的"见面礼"，这就是与德国签订约合人民币96亿元的高速列车采购合约。按这次合同采购的高速列车有60列，运行时速可达到300公里，将于2008年首先运行于北京—天津线路，随后将运行于其他高速列车线路，默克尔自然是欣然接受。

还在默克尔未上台时，人们就对默克尔未来的对华政策有种种猜测。有分析家认为，默克尔的亲美立场将延伸并影响德国对华政策，她可能会以"人权"、"民主"等敏感话题来要求与中国对话；但另一方面，德国是中国在欧洲最大的贸易伙伴，是对华技术转让最多的欧洲国家，是向中国提供政府贷款与无偿捐款最多的欧洲国家，2004年中欧双边贸易额超过1500亿美元，德国独占500亿美元，默克尔也会认识到与中国这样重要的政治大国和商业大国保持良好关系的重要性。她在就任总理、接受中国国务院总理温家宝电话祝贺时就曾强调，德国新政府坚定奉行一个中国政策，希望沿着近年来德中关系顺利发展的轨道，不断扩大和深化同中国在各领域的合作。现在看来，默克尔正在积极履行她的对华政策，对不熟悉的中国正在努力去熟悉，也在学着在国际事务中打"中国牌"。

在伊朗核谈判僵局难解的背景下，默克尔想到了朝核六方会谈中的"中国智慧"，她提出了一个新建议，呼吁中国和俄罗斯加入到欧盟与伊朗的核谈判中，形成维也纳版的"伊核六方会谈"。暂且不论默克尔的这一建议是否会得到中国的回应，单从这一举动中就可以看出德国女总理对中国的看重了。

2006 年以及接下来的任期年，对于默克尔来说充满着期待，也充满着挑战。德国《经济周刊》主编巴龙说："我不怀疑默克尔的聪明头脑和振兴德国经济的强烈意愿，但她是否有足够的权力和有效可行的办法去实现自己的施政理念、她所领导的大联合政府是否有足够的凝聚力，这仍然是很多德国人心头的一个大问号。"

而对于想成为欧洲新领袖的默克尔来说，分析家指出，归根结底取决于她在国内的表现：只有先在国内站稳脚跟，她才可能在国际舞台上呼风唤雨；只有保证德国的稳定发展，德国在欧盟的领导地位才不会受到挑战。

尽管还有不少人对默克尔这位女总理能否领导德国重振大国雄风心怀疑虑，但默克尔自己是充满信心的。2005 年年底时，她向德国全体国民发表了一封公开信，题目充满了鼓动力：《我们一起变得更加坚强》。在信中，默克尔这样回答了人们的疑虑，表明了自己的决心："在过去几个月里，我一直被问及这样的问题：我为什么要在这个国家执政掌权。我总是这样回答：因为我相信这个国家和它的人民！因为德国充满了机遇……大联合政府确信能战胜各种挑战！"

德国《明镜》周刊称，"在一个悲观主义者组成的国家里，默克尔是一个罕见的乐天派"。

附录

解析安格拉·默克尔

2004年6月，当联盟党的一些政治家和其他为数不多的社会名流意外地被邀请参加题为"大脑——自行组织的综合体系"研讨会时，大多数人本能地就想拒绝，研讨会的主要演讲人是法兰克福的一位大脑专家沃尔夫·辛格尔。

这位专家在研究大脑领域颇有名气，但外行人并不知道或者不了解他，一些社会名流甚至不禁问道："我们为什么要去参加研究人的大脑的聚会？"可在仔细阅读了邀请函上那些易被忽略的小字后大家才明白，这是7月17日默克尔50大寿的生日派对。德国上层人士很多都受到了邀请，从大主教卡尔·勒曼到施托伊伯，以及自民党主席维斯特维勒当时也到了场。

在辛格尔的报告后，默克尔不得不让大家发表生日贺词。维斯特维勒祝贺说："她不是科尔的小姑娘，也不是梅前州的马基雅维利。"施托伊伯也向基民盟主席表示："慕尼黑的姊妹党和你处于同一战线，我们的合作必能成功。"施托伊伯按照主人的想法为新勃兰登堡临终关怀医院提供了捐助，还送给默克尔一个巴伐利亚州州徽上的象征性动物狮子，不过是瓷的，并且还要在巴伐利亚星级厨师阿尔方斯·舒贝克主厨的餐厅请默克尔聚餐。默克尔在议会党团的副手格罗斯用那难以复制的、狡猾的方式说，在基民盟党内，很多男政治家被默克尔挤在了后面，"默克尔成功的秘密之一就是，她能轻而易举地与那些颇为自负的男政治家打交道"。为了使派对气氛更加活跃，侍者在研讨会上准备了一些饮料和小吃。

有趣的是，默克尔在这场颇具特色的生日派对中并不想出面，这种低调的方式让人想起1998年12月她宣布与共同生活了多年的男友绍尔结婚时那种低调的通知方式，当时大家都很吃惊。

大脑专家辛格尔对需要转动脑筋的听众做了进一步的祥说，到青春期时，人的"大脑硬件"就开始形成，以后人们就要靠这种条件生存。他说："政治是无法计划的，我们没有未卜先知的本领，谁也不会知道今后5年里将会发生什么事情。"默克尔邀请辛格尔来做主要演讲人是颇具一些风险的，辛格尔的结论被批评家解释为：人的行为是按照大脑自由意愿的化学反应过程所进行的，好与坏的行为也是通过这一反应过程而进行的，最少受这一反应过程的影响。辛格尔的意思是，在人的大脑里没有可以作出决策的指挥功能，他不承认人具有自由意愿。事实上，这是一种错觉的欺骗，人们认为自己可以按照意愿决定某项决策，事实上人是被神经原质所控制的。批评家们说，这样的生物学观点和基督教关于人是有缺陷的和负罪的观点是相冲的，从而违背了基督教民主党的那些基础教义，或许这就是勒曼大主教赶在辛格尔开始讲演时在场的理由。读者在《法兰克福汇报》的副刊中曾读到过这一句话："在生日庆典上时，演讲人把基督精神说不喜欢搞这样的活动，她总觉得赞扬一个人是非常不好意思的一件事。在这次活动之前，默克尔已经在小范围内举行了生日聚会，她说："我最大的愿望是只和最亲密的家人在家里没有任何约束地过生日。"那天她吃了新鲜鳟鱼，以便对50岁的自己作出积极的评论，"我更加认识和看清自己，从前的我总是在抱怨：为什么别人能做成的事情，我却做不到。很多年来，我被不自信折磨得很痛苦，但在生活中，我逐渐变得自信和幸福，我终于明白，不要总想着做别人做到的事情，如果能学会接受自己就会变得很幸福"。

毋庸置疑，这是默克尔一生中的重大时刻。现在的她已经达到前所未有的受尊敬的最高峰，民意调查结果显示她的党支持率很高，她想推举科勒为联邦总统这最终能够实现，说明了她在环境上的有利氛围。她所希望成为总理候选人的愿望也快要实现了。"现在的我年龄已经很大了，40岁时完全不是这样，那时人们只好故作老成。我发现，自己具有很多经验，10多年的政治生涯使我获得了大量的经验，时代发展得很快。"一个人在50岁时，他的性格已经基本定型，不会再有什么变化。

默克尔不愿意别人对她进行心理研究。每个人都有保护自己隐私的权利，政治家或者是女政治家也是这样，人民应该让默克尔自行来确定哪些是属于公众和选民的知情权。如果有人在遮掩什么，那一定是有原因的，默克尔要对自己和家庭的生活负责任。公众对她和她的家庭有一些了解是可以谅解的，一个人想要获得国家高层的领导职务，公众就会想知道这个人够不够资格，然而默克尔对于有人想知道她更多的情况为什么总是面露不快？毋庸置疑的是，作为一个政治家，她更愿意表现的是自己光辉明亮的一面，而要防止内心被暴露。很明显，由于默克尔小心翼翼的做法给人一种神秘感，因此她的行为往往更引人注目，甚至引起争议。

事实上，默克尔过着双重生活，一个是公开的，她把自己最好的一面介绍给大家；另一个是私人的，有着一些小缺点的她过着的有情趣的生活。政治上的潜规则和民众的期望值给政治家设计了一些必须的条件，似乎政治家必须就是完美的、无懈可击的。如果是这样的话，默克尔怎么会不想办法做到人民期望的那样？聪颖能干、善于把握机会的默克尔是一个不容小觑的人，在政治上，她还是一个晚辈，正在不断地学习，她要在这种陌生的环境中找到事物的本质。她成长在德国东部，本想在那里获得成功，但共产主义不符合她的思想，所以她不是真正的民主德国社会的人。两德统一后，尽管她位居高职，但她还时发现像她这样的人想要获得联邦德国权势的认可是多么不容易的事情。而现在，默克尔想得到他们的认可。现在她要做的是像学生时代的她那样近乎完美，但她有时也会忽略政治往往是人们无法完全控制的活动。默克尔出生于联邦德国，由于专制而被导致分裂，至今仍是两极分化的社会。虽然她对这几乎没有什么感觉，然而这样的社会条件让人有时觉得她太"东德"，有时又觉得她太"西德"。这样，在统一了国家后，默克尔自己有时也难以平衡二者之间的关系，由此引发的不自信有时也困扰着她。

本书通过以下10个结论，试着描述默克尔的个性：

结论一

默克尔骨子里渴望拥有权力，在这一点上，她与科尔和施罗德是共同的，所以她会用 10 倍的努力去获得或者实现目标。这是她生活的目标，在这种目标中，她获得别人的认可，她觉得这样很有价值。

无论默克尔身处什么样的地位，她都想做到完美，像她的学生时代那样。现在的默克尔是一个很有影响力的人，但却没能和其他人建立很好的社会联系，因此她经常感到孤独。她在追逐和拥有权力中获得了快乐，可她又不愿意承认这一点，她把这种追逐权力的行为称为"变革"。"过去我想要一种对高分子的控制权，而现在我需要的是'变革'，是在另一个领域内的变革。"确实是这样，拥有权力带来的副作用就是孤独，默克尔现在感受到的这些，就像当年科尔在当了 8 年总理以后的处境一样。默克尔婉转地表达："有时候晚上开车回家，在那漫长的行程中我会感觉到寂寞。"15 年以来，她一直以政治家的身份承受着这种孤独。她说自己在 1996 年的日子"像是持续处于紧急状态"。默克尔早就在权力中不能自拔。她是一个"政治狂"，她的时间全都是属于政治的，这就是她的日子。

"我必须要坚强起来，否则我会一无所有。"1993 年底，她对《明镜》周刊记者莱讷曼这样说道。海涅·盖斯勒说，默克尔解决矛盾的能力越来越强，"她不会再因为内阁会议上前任联邦总理的羞辱而哭鼻子了"。如果默克尔有一个目标，她就会全力以赴地去实现，男人们对这一点印象很深。不管是采取婉转的方法还是直截了当地行动，她总会得到她想要的结果。1995 年 5 月，默克尔就曾经说过，她从来不遵守那些外表上的规则，她相信只要能达到目标，甚至可以不择手段。"因为事实上，总是那些不守规则的人获胜，我本来不相信，可事实改变了我的看法。"所以她在 1999 年 12 月 22 日的《法兰克福汇报》上发表了文章，尽管这会显得她对当时的党主席朔伊布勒不忠和对规则的违背，而她没有丝毫犹豫。

结论二

默克尔是自然科学工作者，她不受"思想体系"约束，但即使是这样，她仍然是一个没定型的全才。她只从社会运转的必然性出发，自然低估了那些没有任何科学依据的经验和行为的重要性。

默克尔的政治形象被打上了物理学家的符号。与科尔不同的是，她对自己的形象并不是那么在乎，她的兴趣动力也不属于政治领域，例如在她脑子里关于环保的政策就无关于政治和感情的事。如果当时科尔让她当发展部部长，她也会去援助索马里。与许多来自西德的同僚或者帮助者不一样，默克尔还没有形成自己的思想体系，她的许多奇怪的想法也不受这种思想体系的限制，所以在东西德之间来回徘徊的默克尔有与西部多元文化不同的背景。她处理政治问题只是从意识出发，由于没有思想体系的束缚，默克尔可以无拘无束地使用一些与众不同的处理方法。谁的道行浅，谁就更容易从政治权力的游戏中出来，这与被描述为"橡树"的科尔是截然相反的。默克尔的导师科尔对于技术革命、互联网和数据库的普及、全球化等等并不真正了解。默克尔敢作敢为的政治风格以及有错即改的能力和科尔是互补的，默克尔有时就是不受任何思想体系的影响。

默克尔在政治上解决问题的思维方式往往是在具体处理问题的时候形成的，因此很难发现她的基本思想。在她心里完全没有对未来进行设计的想法，在这一点上她与施罗德相同。她承认别人批评她对未来的德国没有什么设计的想法，她尝试利用赫尔佐克委员会来解决。在2003年12月的莱比锡党代会上，默克尔通过大量经济和社会政治方面的决策表明她的立场，她希望能够出台一份完美的文件，但这种行为无疑是吃力不讨好的。一方面，这是对基社盟的挑衅，因为基社盟对基民盟事先没有与他们沟通而决定不支持这些决策；另外，这个所谓"完美"的决策将会招致竞争对手的贬低。关于这些政策，默克尔只是提出一个大纲，至于剩下的讨论，也许她就会少受一些谴责。

也许，从某种意义上来讲，默克尔代表了这个世界的政治家常常更换的潮流。默克尔原本打算在社会福利政策或外交政策上提出与众不同的建议，但大部分公民并没有察觉各党派之间的区别所在。默克尔的很多决策常常是为了实现目标而采取的，她的政治风格与传统基民盟政治中那种传统的表现截然相反，她的风格属于现在型或者说是与时俱进的那种，这些政治家不受传统的思想和一些民众的影响，而更注重结果。

默克尔不能接受那些传统的思想体系，这导致她与其他的政治家在关系上有点儿疏远。而科尔却更懂得把这种感情和政治权力连接在一起，也顺便让人知道他这么做的原因。用一个自然科学的观点去看待问题很容易使人忽略一些传统的东西，比如人民的利益和感情，这样人们就会觉得默克尔很绝情，而默克尔和她身边的朋友都不承认这一点。

结论三

默克尔性格的形成和她的父亲有关，她的父亲在家里拥有绝对的权力，他那冷漠如同冰山的面孔、严厉以及专制的作风给默克尔带来了深远的影响。默克尔今天这样的行为，很大程度上是受当时陷入在民主德国的父亲的影响。尽管这样，默克尔还是原意为了父亲的愿望而努力争取权力，当然这也是向父亲证明自己的方式。

默克尔和她的父母之间有着隔膜，特别是和父亲之间。是什么原因使默克尔变成这个样子？首先应该是对她有深刻影响的家庭环境。其实每个人都这样，虽然家庭背景的影响常常被忽略。默克尔的家庭是一个特殊的家庭，每当默克尔谈到家庭的时候，她都是以非常爱戴及尊敬的口吻谈到母亲："我自认为是一个活泼的人，爱讲笑话，从小就是个乐观主义者，这是从母亲身上继承下来的。我的母亲是一个有主见、对人热情、从不沮丧并且开放的女性。"在谈到她的妹妹时，默克尔也一样，但对父亲就不同了，父亲对默克尔影响很大，但她从来不谈论父亲。

默克尔的父亲卡斯讷渴望拥有更高的权力，想让教会听从他的指挥，对家里人他也指挥，如果不是他 1954 年想回到民主国家，一家人本可以避免这种不愉快的生活经历。卡斯讷在柏林—勃兰登堡教会的牧师学院

255

担任了一个他很喜欢的重要职位，作为一个知识型牧师，他常常会有一种优越感，让人感觉到他在智力上优越于别人，因此也在无意中得罪了很多人。他没有得到博士类的学术头衔，也没有获得更高的职位，这一切一定让他很苦闷。

卡斯讷的孩子能够参加少先队和青年团，这在教会人员的孩子中是个例外。这些不顺从的牧师子女在就读高中或上大学时会遇到很多很多的麻烦。卡斯讷似乎说过，他对民主德国的态度使自己的孩子获得了与其他不是来自教会家庭的孩子一样的权利。卡斯讷这种左右逢源的能力还可以获得其他的特权，女儿默克尔也因此得以完成学业。卡斯讷当时可以去西方出差，虽然是去宣传民主德国，他的夫人也获得了这个权利，还去过美国。那些与卡斯讷打交道的民主德国官员曾明确地说，会尽可能满足卡斯讷的一切要求。凡是从西方寄来的书籍，当局一次也没有检查过，即使是偶然一次查封，也会有人站起来说好话。卡斯讷的儿子马库斯在德国统一前就能到西德攻读博士学位也可以说明他的特权，他还能把西德人请到滕普林做报告，就在教会学校里自由地谈论关于神学问题，这无疑增加了他在教会内部的声誉。当时，教会学校是民主德国国家安全部最为特殊照顾的地方。

默克尔大概是在科学院工作时知道了父亲的这种两面性，还在大学时代时她就对共产主义不看好，持批评的态度，在她选择专业老师时也是这样。当时有些人想，由于卡斯讷与从事教会活动的德梅齐埃关系很不一般，默克尔可以借助父亲的影响成为政府的副发言人，然而实际情况并非如此，默克尔的政治态度与她父亲截然相反，这显然是受丈夫绍尔对民主德国持批判态度的影响，她还在科学院的时候就认识了绍尔。当然，默克尔现在的政治观点与1989年12月底参加"民主觉醒"的那些人的观点不同。在她的朋友圈里，大多数人坚持走共产主义和资本主义之间的第三条道路，并觉得应该建立一个人性化的社会主义。默克尔站立在批评民主德国的圈子里，但她不做任何可能影响到她职业的事情，明哲保身的人并不在少数。

默克尔从来没有觉得自己像个斗士，当然，她的政治道路是随着她的想法而改变的，特别是随着试图在整个德国能够有所作为的想法而发展。不能说默克尔是在父亲的同意下走上这条路的，因为父亲至今和她的想法相反，还会避免让媒体拍下有关他和女儿在一起的照片，甚至是与女儿的政治角色有关联的照片都不允许。就政策而言，卡斯讷是不相信资本主义的，对能够统一德国存在的基础都有所怀疑。他想证明自己的想法，所以连基民盟为女儿举行的生日派对他也不露面。而默克尔的母亲虽然曾经也是相信社民党的，但她还是专门去听了女儿在滕普林竞选集会上的发言，卡斯讷不去也许是不想别人发现他和女儿在一起。

也许是由于父亲的影响才能发挥超常，默克尔因身处牧师家庭而倍感压抑。虽然从整体上来看，她也算是度过了一个美好的青年时期，她有一个善良的母亲，但是她觉得自己无法达到父亲提出的那些高尚的道德，随着年龄的增长，这种感觉更强烈，她觉得也许父亲的政治观点是错误的。当时，默克尔的许多做法不仅仅是在政治上与父亲划清界限。值得一提的是，默克尔没有想过要学神学，她选择学习物理专业令父母非常吃惊，因为当时在民主德国，牧师的孩子一般得接替父亲的责任。

默克尔与乌尔里希离婚后，也没有改回自己本来的名字，那时的她已经在科学杂志上发表了大量的文章，不过很明显与这无关。难道保留夫姓就意味着她与家庭切断联系？默克尔在政治上的发展与父亲的想法虽然是相反的，但并不代表她没有受到父亲的影响，或许她是想向父亲证明她能够有所作为。父亲在默克尔30岁生日时曾经来柏林，到她住的地方并留有一句话："你现在还没有作出点儿像样的事。"这句话她一直铭记在心，一直到今天，默克尔都想通过自己的努力告诉父亲，她能行。

结论四

默克尔没有学会如何向别人推销自己，也不善于将自己的想法或者可信赖的一面告诉别人，以便和别人建立联系，这和她在民主德国的生活有关，她很早就学会把自己私人的世界和国家的公共生活区分开来。

默克尔善于隐藏真实的自己，习惯言不及己。她可以侃侃而谈自己，却不会让别人了解到什么，她懂得掩饰最真实的自己。女摄影师克贝尔在默克尔50岁生日时曾对她说："希望私底下的默克尔与她目前完美的面具有所不同。"还是在学校的时候，默克尔就熟悉了两种不同世界的生活，她从父母的经历中懂得，对待任何人都不要轻易敞开心扉，不能随便告诉别人你在想什么，这样的心理防御在当时的专制制度下人人都有，因为他们明白，自己的升迁依赖于党、安全部门和国家。

很多人，从在科学院工作的同事到原来的部长，在默克尔不同生活阶段与她接触的人现在想起来，却是对默克尔"这个人"一无所知。应该说这是令人吃惊的一种现象，她侃侃而谈，却无法帮助彼此了解，而在政治上，没有这种相互了解是行不通的。对于默克尔内心与外表世界的双层世界，人们总有一种感觉：小心此人！由于默克尔从不暴露自己的私人信息，又善于适应环境，这样就显得她毫无个性。她在感情上特别能克制自己，以致很多人对她感到陌生，觉得她是个谜。

如果有一天默克尔在政治上失败了，那么很有可能是因为她没有做到真正地去相信别人、去推销自己，从而在自己周围建立起值得自己信赖的圈子。信任是彼此给予的，一个成熟的政治家应该有好朋友和可信赖者的圈子，能够在困难的时候提供帮助。默克尔只认识晚年的科尔，但她从来没有把科尔的手段真正记在心上。默克尔理智的思维是对当前局面双方利益的判断，而不是在人与人的交往中获得的。权威不仅来自可靠的手段，而且来自本身的感染力。权力不仅意味着使人畏惧和尊重，它同样需要支持，而一个与任何人都有距离的人是不会得到支撑的。人们期待的信任是相互的，包括上级对下级的信任，否则人们就会面临分离的局面和面对困难时无人可以依靠的艰难局面。

默克尔的几个好朋友之一——施特拉尔松市长拉斯托夫卡认为，默克尔没有建立自己的人际网络，对此他从积极的意义上看："默克尔没有编织一个关系网，她没有受人牵制的绳索和链条，她不想让自己依附于别人，保持着不需要顾及别人利益的自由。谁要是向别人承诺某事，就要兑现。默克尔从不许诺任何人升官发财，这样她在作出决策时就不受任何限制。"可尽管这样，在当时竞选候选人的时候，默克尔也对几个对她来说重要的政治家许诺了职位。她在接受采访时说过，她对因为她的影响力而与她攀交的人是很不信任的。她理性地作出了分析，正是因为她的权力，这些人才会讨好她。她在评价政治圈内的其他人时，也是用"实用"的原则为标准，她与别人之间的距离显而易见。

结论五

现实存在的社会主义、短缺经济、民主德国用马克思列宁主义思想把意识形态生活拔高的做法使默克尔得出了与之截然不同的想法，她开始思索自由和责任的问题，认为美国符合她的设想。

默克尔并不支持西德传统的莱茵资本主义和这个社会对公民提出的要求，而是希望德国成为一个与她以前所经历的社会主义截然相反的一个社会。基民盟之所以在民众中占据如此重要的地位，是因为这个大党与多数民众的利益是一致的，它没有像别的政党那样在劳动市场政策和社会保障政策上采取强硬立场，而是选择像了扩大国家社会福利体制，并积极解决雇主与工人的矛盾。与此相反，默克尔却认为，联邦德国只有进行根本性的变革才会有生存下去的可能，为此有人把她视为"社会冷血动物"。

默克尔信任的经济政策是建立在利益的基础上的，如果说到基督教民主的"教主"，她最喜欢经济专家艾哈德，而不是联邦德国第一任总理阿登纳。为了保证联邦政府一些不受欢迎政策得以实施，默克尔也付出了很大的心血，她没有对红绿政府设置麻烦，作为在野党的联盟两党，没有理由去破坏由红绿政府提出的失业金与社会保障金合并的决议，因为这一决议的核心内容本来就符合联盟党的最早要求。然而即使是这样，默克尔还是对这个方案进行了批评，但公众称之为"哈尔茨 IV"的改革方案仍于 2005 年 1 月 1 日生效。

"哈尔茨 IV"的改革方案只是在正确的方向下迈出的第一步，这微弱的一小步却解决了德国劳动市场的结构性问题。在对基民盟来说十分重要的 2004 年 9 月萨克森州议会选举中，默克尔也态度鲜明地表达了这一观点，因此联邦政府挑拨性地说："你们看，如果你们选联盟党，一切会更加痛苦。"2004 年 12 月，基民盟在杜塞尔多夫党代会上通过的劳动市场政策提案强调，要实行超越"哈尔茨 IV"范围的更大变革。联盟党内部在制定新的劳动合同保护规则上发生了分歧，基民盟的一部分中坚力量对有可能脱离社会福利国家的立场反应很消极。基督教报纸《每日邮报》于 2004 年 9 月 30 日发表标题为"新自由派的设想不会使大选取胜"的文章，文章挑衅地问道："难道基民盟的基督—社会思想遗产已经枯竭了吗？"应该有人为她出更高明的主意，她不应该在莱比锡党代会上拿出一个与联邦政府不同却很详细的方案，而是应该提出一个总体的政策。

科尔的政治风格是与之相反的，他虽然在这种情况下也会试着提出一个较为可行的方案，但他会在私底下委托一个委员，在取得多数同意并与基社盟商量好之后才会作出具体决策。默克尔则是亲自负责这份改革模式中的细节部分，虽然她在改革内容上获得好评，但很明显她与基社盟产生了严重的分歧。作为在野党，制订的方案越详细、越具体，就越会使自己处于进退两难的窘境，也越容易受到不仅是联邦政府和执政党，还有专业联合会和工会的攻击。政府正好可以解决自己在决策中遇到的困难，在社会保障问题的争论中，政府就是这样做的。个别社民党和绿党成员曾经谈论全民保险，但他们最后决定，如此彻底的改革工程要在 2006 年联邦大选后才能在议会上提出。这样一来，在几个月的时间内，受到批评的不再是政府，而是党的社会政策倾向，选民不同意赞同党派之间的争论。

结论六

默克尔对所有的在社会规则下形成的事物都抱着怀疑的态度，她的信条可以说是"有疑问时选择自由"。强烈的个人主义使默克尔在议会上饱受其他政治家的批评。

默克尔在处理属于基民盟传统信念的问题上常常得不到党内多数政治家的支持。另外，她总是用自然科学的方法看待一切事情，这明显与历史至上、重感情的科尔和以理智思考的法学家朔伊布勒看问题的角度不同。关于第 218 条款的辩论证明，默克尔很难在党内取得政治家的赞同，但默克尔却说，一个女人自愿去做的事情一定是她思想中最为重要的事情。虽然她表示支持婚姻和家庭在社会中的作用，却无法让人们对她改变印象，即她在这一问题上的想法比党内大多数人还要宽松得多，对待转基因技术和生物学伦理的态度，她也是这样的。当 2001 年党内和议会党团就胚胎移植前基因诊断（PID）、胚胎干细胞和医疗克隆等问题进行讨论时，自然科学家默克尔更支持法学家朔伊布勒、基督教神学家辛茨、波茨坦和联邦议员莱歇等人的开放立场，但默克尔却不想支持任何一方，于是她只好站在中间，表示中立的态度，支持后来在议会中以多数票通过的方案：只有在规定的日期之前取出的胚胎干细胞才可用于研究实验。在 PID 问题上，默克尔对于借助这种医学方法解决父母之间的冲突表示理解："对已育有严重遗传疾病孩子的家长来说，明明知道使用 PID 诊断技术可以在怀孕后（如果查出孩子有问题）作出不要孩子的决定，然而却禁止他们使用这一方法，让我做这样的决定太难了。"

对待一些新的生活模式，例如同性恋问题，默克尔的态度也是很宽容的。如果是科尔，打死他也不会像默克尔那样到基民盟同性恋协会去发表演讲。在 2002 年大选过后，基民盟主席团成员、勃兰登堡州副州长顺博恩警告默克尔说：主席女士，基民盟"不能变卖保守的贵重餐具"。他认为，《明镜》周刊所引用的默克尔的讲话是错误的，基民盟把老百姓的生活方式按照这样的顺序是错误的。顺博恩强调："我们拥护家庭与职业的统一，但我们当然有权进行优先选择。正如一个母亲说，她要教育孩子，这自然是她的正当权利。"针对顺博恩的批评，默克尔说这里的问题"不是丢掉高级餐具的问题，而是要为这些餐具增加光彩，使它们更加夺目"。对于这些老资产阶级，默克尔没有任何办法，但她会在心里给他们冠上心胸狭隘的称号。

结论七

默克尔在政治上的不竭追求——政治家争取权力或者利益的想法除外，更多地是从一个合理的角度，而不是传统的基督教的角度。因此，这会让人感觉基民盟主席在自己的党内似乎众叛亲离。

老基民盟除了在少数领域反对共产主义和保障人民生活以外，不是拥有一个思想体系的政党，它从来没有企图在政治上采用激烈的方式改革，而默克尔于2003年12月在莱比锡党代会上却打算进行激烈的改革，但暂时以失败告终。基民盟之所以长期存在就在于政治上的实用主义、不搞过分的意识形态以及亲民政策。党的鼻祖阿登纳塑造的基民盟多少年来与其说是一个传统政党，不如说是一种运动或是一个"联盟"。不论是天主教徒、基督教徒、工人、农民、中产阶级人士，还是北德人、基督教社会人士、南德人、德国民族主义者以及自由派人士，他们在这里都显得尤为重要。通过激进的方式反对共产主义和一些模棱两可的大纲，通过对未来社会的希望他们团结在一起。这些年来，基民盟一直受到特别是天主教区域居民的支持。与社民党不一样的是，基民盟把自己视为代表中产阶级利益的政党，同时也是一个市民性的政党，用语言形容就是那些勤劳能干、可信、有组织纪律性、有责任感、忠于法律的人的政党。1973年以后，时任基民盟主席的科尔将以前的绅士党改为成员党，他是主张把党作为谋取权力的工具的基民盟领袖，同时也使成员党一步步脱离了资产阶级。阿登纳仍是旧资产阶级的代表，他主要依靠联邦议会党团和绅士阶层。不同的是，科尔的领导力量建立在那些男人间的友谊和酒肉朋友之间的友谊之上，新的德语词是"裙带关系"。

随着旧的绅士党的消失，基民盟内个人的作用就变得很大，而当时的政策也为这些政治人物出现在台上提供了可能。结果是很明显的：在联盟党议会党团里没有了代表建党初期为该党出力的中产阶级人物，基民盟党内缺少像海尔曼·埃勒尔斯、欧根·格斯登迈尔或者威廉·哈恩一类有影响的天主教人物，也缺少像海因里希·冯·勃伦塔诺、库尔特—格奥尔格·基辛格或赫尔佐克等知识型人物，还缺少像库尔特·比伦巴赫、汉斯·迪希冈斯这样的经济管理人才，缺少像以前的外交部长施罗德、凯—乌韦·冯·哈塞与阿尔弗雷德·德累格尔等卓越的保守派人物。来自天主教区的政治家如海因里希·克罗内、弗兰茨—约瑟夫·维尔莫林、保罗·米卡特或者汉斯·卡策尔等作为基督民主人士也消失在人们的视线里，他们是不可替代的精英分子，他们成就了基民联党，然而人们生活在另一个时代，政治精英要体现这个时代的特征，因而政治保守主义在德国陷入层层危机中。在默克尔之前就已经是这样了，而基民盟和现任党主席却没有意识到自己的政党正处在危机之中。

由于基民盟提倡自由的思想，人们没把它当成那种简单的保守党，但很多观察家说，自希特勒之后，即使是保守党人也不敢说出自己对权力的欲望。"在基民盟微笑的脸谱下，人们很快就看到另一种情形：一个变得没有定位的保守主义，时而灰暗，时而刺目，它总在谈论为祖国服务一类的空洞言辞，虽然声称要着眼未来，却并没作出榜样。"传统的保守派和天主教思想家把默克尔将基民盟推进现在社会中和她对政治可计划的方案都看作是眼中钉。最主要的问题是，日益衰落的天主教政治对民主德国女基督教徒默克尔存在很明显的不信任：她的现代性激情和个人主义在天主教中都显得很突出。传统的保守派认为，基民盟源于天主教社会学说的"基层化原则"成了一种口头表白、真正实施的政治。保守派们批评说，团结互助的基本价值观已经渐渐地被人们丢掉了。当默克尔在讲话中强调个体和自由时，他们就觉得这是基督教传统的民主原则与自由主义融为一体了。

基民盟中的民族—保守派人士认为默克尔也完全没有代表他们的立场。与她的导师相反，默克尔是不会把民族—保守派融入党内的。科尔却在积极投身于欧洲融合中的同时能够左右逢源，他总是说爱国主义的重要性，这一点赢得了社会上民族—保守派的信任。科尔曾经反复地说，在对待爱国主义的问题上，即使是基民盟也不能被任何政治力量所超越。在对被基民盟和议会党团开除的霍曼言论的辩论上，默克尔也提出了关于爱国主义的问题，但她却未能顺利地进行表述。默克尔对迈尔茨提出的"主流文化"辩论有些不知所措，她解释说，她的"常备语言库"里以前没有过这个概念。谈到自己时，她说："在爱国主义与热爱家乡的问题上，我属于保守派。我对自己的国家感到骄傲，这可能是由于民主德国政府总是阻挠我对德国感到高兴和自豪。"当《图片报》问及"德国在你心中引起的联想是什么"时，默克尔微笑着回答道："我想到一扇厚厚的窗户，任何一个国家都不会建造这么厚实和漂亮的窗户；我想到家乡的美味佳肴，想到阔叶树、山毛榉和橡树，还有一些飞禽，如鹤和鹳。"这样的回答能让满是爱国主义的德国人赞扬吗？施罗德关于将德国统一日改在 10 月的第一个星期天的建议遭到默克尔的坚决反对，但默克尔的爱国主义是真正发自内心的吗？总的来说，只要涉及感情问题，默克尔总是处理得不好。开展一个有关价值观的辩论是多么的得不偿失，她的导师科尔也曾经历过，当他宣布在精神和道义上转变时，有人这样欺骗和敷衍他：共和国在历史上从来没有像他担任总理时那样经历了如此自由、安逸和多元文化的氛围。

结论八

在一个男权占大多数的政党内，妇女代表往往得不到支持，尤其是得不到妇女的支持。受民主德国深深影响的默克尔与西德女性政治家常保持着一段距离。

对于默克尔这个女政治家的看法，真是众说纷纭。由于她来自东部，还是一个女性，她在政治中行走的每一步都特别艰难。

处于领导岗位的女性容易得到别人的注意，不仅在政治领域，在男人统领的经济界或科学界更是如此。在政治席位中虽有女性一定的比例，但政治界仍然是男人的天下。阿利茨·施瓦策尔把默克尔能"出现在男人俱乐部里看作是令人兴奋的挑衅"。默克尔从来没有把自己按照男政治家所说的看作是"妇女解放者"，她与党内的社会团体如中产阶级或雇员组织总是保持着一定距离，也不与妇女联盟走得特别近，她不知道如何面对基民盟内的关于她的印象。德国刚统一时，默克尔的脑海里还装着民主德国时期社会主义社会男女平等的观念，因此她与基民盟里几乎所有的女政治家都没有很好的联系，甚至包括在妇女政策上较为进步的人物（如聚斯穆特），默克尔曾在聚会上向聚斯穆特证实了她"忍受"着多么大的折磨——这里指科尔统治时的家长作风。默克尔似乎无法在天主教妇女运动中找到相同点，这也许是她没有成为母亲所导致的。总的来说，默克尔不想让人们把她看作"女性政治家"，但命运的安排往往是出人意料的，她第一次担任部长时就是负责妇女的工作，后来由于在会议上没有争取妇女的比例而招致妇女联盟的不满，谴责她是科尔的盲目的跟屁虫。后来默克尔接受教训，在妇女比例问题上变得积极了，2000年她曾说过，"我看到基民盟内妇女的比例上升感到很高兴"。科尔一向重男轻女，那些活跃在基民盟内的女政治家们说科尔只听大男人的意见。

默克尔也算是痛苦地经历了这一切。人们对一个女人外表的要求要远远超过对男性的要求，然而默克尔却拒绝用衣服来体现成就，她也从来不用那些男人常说的"女人的辅助武器"。科尔在很多公共场合总是说"我就是我"。默克尔希望能像他一样，不希望别人对她的私生活感兴趣或者打扰她的生活。多年以来，她总是以自己习惯的服装和发型面对世人，她想说的是她的身体属于她自己，而不是公众。也许她是为了在男人占大多数的世界里有些中性的特征，然后人们对她的关注就会减少。偶尔，她也能得到女性的支持，出生于民主德国的女作家莫尼卡·马洛就解释说，在通常的感觉中，民主德国的妇女只有头发，而西德的妇女则是发型。她继续说道："在几十年里用半生的经历表明自己个性的人，会极力维持这个形象，而不会对着装感兴趣。她会像坚持自己的性格一样维持朴素的发型和天生固有的脸型。"给人印象很深的是，很多年来，默克尔一直不理会让她多微笑的建议。在一次默克尔接受媒体采访时，基民盟前总书记海涅·盖斯勒要求她穿一身取悦人眼球的衣服，他说："我简直不清楚谁在为默克尔参谋服装搭配。"默克尔这才明白，一个人的外表在新闻自由的民主社会对选举也会起到重要作用。

默克尔现在知道，女政治家的发型一直是民众讨论的热点。"是的，我染过发。"她对《图片报》解释道，这也是她对民众热议自己的头发作出的最激烈的回应。《星期日图片报》问道："谁把默克尔女士打扮得如此漂亮？"柏林的明星理发师乌多·瓦尔茨冒了出来，他说，默克尔请他做了头发，还染了发。瓦尔茨于 2003 年在科隆《快报》上介绍他为默克尔设计的发型："过几个月后，她的最终发式是，有层次的刘海儿，刘海儿吹到一边，显得轻快活泼。"按说默克尔应该换掉这个理发师，因为他出卖了她的信息。出于竞争的需要，当时另一位发型设计师李·施塔弗尔特发表议论说："这种无光泽的短发再加上刘海儿使默克尔女士显得太严肃、太好斗，而柔软的烫花、剪出层次并加上长流苏会让她的脸显得更漂亮。她现在头发的颜色也不性感，我建议她一定要把头发染成金黄色，喷上发胶，显出时代韵味。"发型设计师的谈论属于媒体上谈论自由，这是另外一个世界，默克尔是这样想的。

默克尔认为，舆论对女人提出的要求明显要比男人苛刻多了，这是一种不公平的现象。基民盟的男人们在政治活动中只需要穿灰色或蓝色的西装，再配上一件衬衫就可以了。科尔就是很好的例子，他只需选择一条比较好点儿的领带就行了，在这方面，施罗德做得还不够到位。默克尔现在也开始变了，她的发型变得时髦了，衣柜里的衣服也开始变得有色彩。默克尔从政初期那张可爱的脸庞已经被严肃的表情所替代，这使她看上去总是一副疲劳的样子，紧张的活动安排和经常不能好好休息的现状严重影响了默克尔的政治家形象。常给默克尔照相的女摄影师克贝尔在默克尔50岁生日派对上说："德国第一次有了一位女性成为大党的主席和党团主席，这个地位不是天上掉下来的馅饼。您的脸庞已经讲述了所经历的一切。"克贝尔指点默克尔说，"您不是金发，没有两条长腿反而对您是个优势。您从来不刻意去突出女性的一面，但您已经进入世界上少有几个权力达到顶峰的女性行列，您与撒切尔或者果尔达·梅厄的距离不远了"。

默克尔很害怕别人把她比作撒切尔，这种恐惧常常让她感到心寒。《明星》杂志曾把她比作"现代的玛格丽特·撒切尔"，默克尔立刻表达了自己与撒切尔之间的不同，并强调自己与撒切尔的首相职位截然相反，她只是拥护德国统一的人。默克尔有点儿担心，撒切尔从政期间曾经颁布了很多不受欢迎的政策，在经济和社会政治上深深留下了她的印记，这是与她同时期的任何一位英国政治家都不能相比的。虽然撒切尔的很多政策挽救英国于危难之中，对此默克尔觉得撒切尔夫人做得很棒，但是过多地拿她和撒切尔相比会给人留下不好的印象，所以当有人提出撒切尔是否是默克尔的榜样时，默克尔回答："不，我在狭义上说不需要政治榜样。我走我自己的路，我就是我。"默克尔不想做第二个谁，也不想做德国的"撒切尔"，即便是与其他女性如英迪拉·甘地或果尔达·梅厄相比，默克尔也不愿意把她们视作偶像。

对女人来说，建立起一个关系网是颇为不易的，女人通常会被男人世界的某些习俗排除在外，比如出差时在外饮酒的行为。女人们在出国旅行时也不能像男人那样自由。默克尔意识到，女人的声音与男人低沉的嗓音不一样，男人的声音可以很洪亮，而女人却不能，但默克尔懂得如何去做一个女人，她在那些对男人感到厌烦的其他女人身上找到了相同点。当时人们曾私下议论，她与施普林格、莉茨·莫恩和出版商夫人古德龙·保尔联系密切，这些人在媒体中都有很大的影响力，同时，她与电视政治脱口秀节目主持人扎比内·克里斯蒂安森以及《埃玛》杂志创始人施瓦尔策等人的关系也不错。作为一个女人，她凭借自己的力量建立了丝毫不逊色于男人的关系网。这是非常难得的，也是非常值得人敬佩的。

结论九

默克尔的经历是整个德国发展的写照。

德国有着世界其他国家没有的双重压力，即西部现代化建设与东部向市场经济的转变。被称为"统一总理"的科尔与东部同胞的关系很密切，他试图动用一切政治力量，希望市场经济在东部的发展能够顺利，就像当初战后在西部的发展一样。科尔采取了资金补贴的政策，他显然低估了经济发展中这样补贴带来的庞大费用。科尔的继任人施罗德又怎么样呢？他当时是下萨克森州年轻的外长，在联邦参议院对货币联盟的政策中投了反对票，即使后来他顺利地当上了总理，对于德国的统一，他也没有什么特殊的感情。然而默克尔却不一样，她的生平是德国统一的写照。除了在政治上态度不同，默克尔还是很尊重她的父亲的，但她为自己在政治领域走上了与父亲截然不同的道路而庆幸，体现了她不肯苟且偷安和向往自由的精神。她在东西部都获得了成功，她的生活显示了她坚强不屈的性格。德国统一以后，默克尔还能获得如此高位，不正是用另一种方式说明统一成功了吗？

结论十

默克尔很有可能成为德国的第一位女总理，在政治竞争中，她拥有其他人没有的武器。

在默克尔与施罗德的这一论战中，他们是两个不同风格的政治家。而2002年施托伊伯挑战施罗德可以说是在同一个层次上的论战：两人都是或者曾经是州长和法学者，他们虽然在政治上的依赖不同，但都是同一种类型的人。施罗德当时很轻巧地利用了德国东部的洪灾，在电视上开始他的表演，他的作秀赢得了一些群众的支持。

但是，默克尔与施罗德的这场竞争情况却是截然不同的。在这场两个不同类型政治家的论战中，施罗德会利用一切在总理位置上能用到的优势资源。在2002年大选中大出风头的施罗德想在目前看上去已经走投无路的局面上翻盘，他可以充分地利用职务的便利，赢得或者控制大量的媒体话语权。2005年5月22日，施罗德在北威州全盘皆失，甚至一败涂地，但他随即宣布将联邦议院选举提前到2005年秋天，这个狡猾的伎俩确实在当时起过一定的作用，但几天后的形式明显表明施罗德还是处于落后的局面。2005年初夏，整个德国已对5月30日联盟两党理事会推举默克尔，做好了迎接第一位女总理的准备。

施罗德在竞争中小看了默克尔，自然会付出代价。在这一刻，也许他自己也觉得胜利已经属于默克尔了，自己却无计可施。施罗德的挑战者默克尔曾经是一个自然科学工作者，她具有良好的口头表达能力，在民主德国时经历的专制环境、在导师科尔领导下积累的内阁经验和党与议会党团的双重主席职务使她得到了应有的锻炼，并且为胜利做好了准备。默克尔在政治斗争中不按常理出牌，因为她是半路出家，没有固定的思维模式。默克尔善于对人们所熟知的体制提出质疑，这种质疑往往会让她获得更好的表现机会，当然还有危险。一方面，大多数人不愿意放弃自己所了解的东西；另一方面，越来越多的人开始明白，体制上的问题如在医疗卫生、退休和劳动市场方面靠小打小闹的政策是远远不够的，必须进行改革。对于存在的这些问题，默克尔有勇气说实话。她在生活中总是敢于赌博，赌赢了则大获全胜，赌输了也许会一败涂地，但从她的经历来看，她是常胜将军。

——本附录引自德国作家朗古特的《默克尔传》